FACULTÉ DE DROIT DE TOULOUSE

DU PACTE DE RACHAT

EN DROIT ROMAIN

DES RETRAITS

EN DROIT FRANÇAIS

THÈSE POUR LE DOCTORAT

SOUTENUE DEVANT LA FACULTÉ DE DROIT DE TOULOUSE

Le vendredi 22 mars 1872

Par M. Gabriel RODIÈRE, Avocat

Né à Toulouse (Haute-Garonne),

TOULOUSE

IMPRIMERIE LOUIS & JEAN-MATTHIEU DOULADOURE

Rue Saint-Rome, 39

1872

FACULTÉ DE DROIT DE TOULOUSE

~~~~

DU PACTE DE RACHAT

EN DROIT ROMAIN

DES RETRAITS

EN DROIT FRANÇAIS

THÈSE POUR LE DOCTORAT

SOUTENUE DEVANT LA FACULTÉ DE DROIT DE TOULOUSE

Le vendredi 22 mars 1872

Par M. Gabriel RODIÈRE, Avocat

Né à Toulouse (Haute-Garonne).

TOULOUSE

Imprimerie Louis & Jean-Matthieu DOULADOURE

Rue Saint-Rome, 39

1872

FACULTÉ DE DROIT DE TOULOUSE.

MM. Dufour ✷, doyen, *professeur de Droit commercial.*

Rodière ✷, *professeur de Procédure civile.*

Molinier ✷, *professeur de Droit criminel.*

Bressolles ✷, *professeur de Code civil.*

Massol ✷, *professeur de Droit romain*

Ginoulhiac, *professeur de Droit français, étudié dans ses origines féodales et coutumières.*

Huc, *professeur de Code civil.*

Humbert, *professeur de Droit romain, en congé.*

Rozy, *professeur de Droit administratif.*

Poubelle, *professeur de Code civil, en congé.*

Bonfils, agrégé, *chargé de cours.*

Arnault, agrégé, *chargé du cours d'Économie politique.*

Deloume, agrégé, *chargé de cours.*

Constans, agrégé.

M. Darrenougué, Officier de l'Instruction publique, Secrétaire Agent comptable,

Président de la thèse : M. Bressolles.

Suffragants. { MM. Massol, Ginoulhiac, Rozy, Bonfils, *Agrégé.* } Professeurs.

La Faculté n'entend approuver ni désapprouver les opinions particulières du candidat.

A MES PARENTS

TÉMOIGNAGE D'AFFECTION.

A MES MAITRES

HOMMAGE DE RECONNAISSANCE.

Première Partie.

DROIT ROMAIN.

Des pactes principaux en matière de vente : spécialement, du pacte de rachat.

(De pactis inter emptorem et venditorem compositis).

(Code, Liv. ɪv, Tit. ʟɪv).

Avant d'entrer dans l'étude approfondie de notre matière, il n'est pas inutile de considérer comment était constituée la propriété romaine. Les études historiques, en effet, appliquées à un sujet aussi important que le Droit romain, ne peuvent pas être une œuvre de curiosité stérile ; elles éclairent toujours la législation contemporaine, tantôt par la similitude des règles, et tantôt par les contrastes, qui font mieux ressortir le caractère propre de nos lois, quand elles diffèrent du Droit romain.

Nous voyons que les Romains professèrent pour le Droit de propriété, dès les temps les plus reculés, le respect le plus grand ; nulle part ce respect ne fut plus profond. Les Romains, dès l'origine, ne considérèrent pas seulement la

propriété comme une institution civile; fidèles aux traditions de l'ancienne civilisation Étrusque, ils l'élevèrent
à la hauteur d'une institution religieuse et politique. On
voit, en effet, que la science de la délimitation et du mesu-
rage est chez eux une science sacrée. *L'agrimensor* est
au nombre des augures publics. L'orientation et la limi-
tation des terres n'est pas un simple bornage destiné à
prévenir des contestations entre voisins, c'est une consécration religieuse de la propriété. Aussi la pierre qui est
destinée à fixer les limites des deux héritages, et qui a
reçu la consécration du rite sacerdotal, sera divinisée. Les
citoyens viendront offrir des sacrifices au Dieu Terme, et
Numa sanctionnera des dispositions par lesquelles celui
qui osera porter une main impie sur la limite établie,
sera puni des peines les plus sévères.

L'atteinte au droit de propriété, résultat de l'arrache-
ment ou déplacement des bornes, n'était donc pas une
simple lésion du droit d'autrui, donnant lieu à des réparations civiles, mais un véritable sacrilége, puni de peines
capitales (1).

Ce respect superstitieux des Romains pour le droit de
propriété nous porte à croire que les retraits proprement
dits, qui consistent à obtenir une propriété que le vendeur
n'avait point entendu vous céder, furent complétement
méconnus dans l'ancienne Rome. Si un citoyen romain
pouvait disposer de ses biens de la manière la plus absolue,
même par testament, *Dicat testator et erit lex*, comment
supposer que son droit de disposition eut pu être moindre

_____

(1) D'après la loi 3, § 1, D., *de termino moto*, l'empereur Nerva avait
conservé la peine capitale contre les esclaves.

dans des actes entre-vifs ! Mais on comprend parfaitement que les Romains eussent, dès l'origine, admis qu'un vendeur pouvait se réserver le droit de rachat : cette réserve, loin d'être une négation du droit de propriété, en était plutôt la conséquence même et la consécration.

La vente, qui est le plus important et le plus usuel de tous les contrats, fut certainement connue à Rome, dès les temps primitifs.

Elle était parfaite par cela seul que les parties étaient d'accord sur la chose et sur le prix. Aucune écriture n'était nécessaire, non plus qu'aucune tradition, et il n'était pas même besoin que les parties fussent en présence l'une de l'autre (1).

La vente pouvait être pure et simple; elle pouvait aussi être accompagnée de toute sorte de modalités, pourvu que ces modalités n'eussent rien de contraire à l'ordre public. Il pouvait être convenu, par exemple, que le prix ne serait payé qu'à une certaine époque, ou à l'inverse, que l'acheteur tout en payant le prix sur le champ, ne serait mis en possession qu'à une époque déterminée.

La vente pouvait aussi être faite sous une condition suspensive, ou sous une condition résolutoire. Toutes les conventions licites qui étaient faites au moment de la vente avaient donc également un caractère obligatoire. Ces conventions, quand elles modifiaient les obligations ordinaires du vendeur et de l'acheteur, étaient fréquemment désignées sous le nom de pactes.

Mais pourvu qu'elles eussent eu lieu au moment du contrat, ce n'étaient pas des pactes nus; c'étaient des

(1) Galus, Com. iii, § 135 et 136.

pactes qui engendraient toujours l'action en justice, contre celle des parties qui refusait de les exécuter.

Les principaux pactes qui étaient usités en Droit romain étaient :

1° L'*addictio in diem*.

2° La *lex commissoria*.

3° Le *pactum de retrovendendo*.

Nous dirons un mot des deux premiers, parce qu'ils ont sur bien des points des affinités avec le pacte de réméré, mais nous n'aurons à nous étendre que sur ce dernier pacte, qui fait spécialement l'objet de notre travail.

CHAPITRE PREMIER.

Addictio in diem.

L'*addictio in diem*, en Droit romain, est un pacte par lequel il est convenu que si le vendeur trouve, dans un certain délai, un prix supérieur à celui qu'a promis l'acheteur, la vente ne sera point parfaite, ou qu'elle cessera d'exister. Cette clause modifie donc la vente par une condition, qui, suivant l'intention des contractants, est tantôt suspensive, et tantôt résolutoire. Cette condition n'est point purement potestative de la part du vendeur: elle est mixte, en ce sens qu'elle fait dépendre aussi l'effet du pacte de l'offre d'un meilleur prix de la part d'un tiers. Si l'*addictio in diem* a lieu sous une condition résolutoire, qui s'induit surtout de la mise en possession de l'acheteur, Celui-ci disposera à son gré de la chose vendue, mais il courra tous les risques. Il en est autrement, si l'*addictio*

est faite sous une condition suspensive. Dans les deux cas,
lorsque des offres meilleures sont faites au vendeur, il
dépend de celui-ci de les accepter, ou de s'en tenir à la
première vente : de même il dépend de l'acheteur, si des
offres meilleures sont faites au vendeur, de laisser son
acquisition sans effet, ou de prendre la chose pour le prix
plus élevé qui est offert au vendeur ; mais alors un nouveau contrat interviendra entre les parties. Si la première
vente ne produit pas d'effet par suite de l'acceptation des
offres meilleures faites par un tiers, le vendeur devra
rendre le prix, s'il l'a reçu, avec intérêts, et indemniser
le premier acheteur des impenses nécessaires. Ce dernier,
de son côté, s'il a joui de la chose, devra la restituer avec
les fruits qu'il en a perçus (1).

Tels sont les principaux effets de l'*addictio in diem* dans
les rapports des parties. Mais quels sont les effets que ce
pacte produisait vis-à-vis des tiers ? Ici encore, il était
essentiel de distinguer le cas où la vente était faite sous la
condition suspensive qu'un tiers n'offrirait pas un meilleur
prix dans un délai fixé, du cas où la vente, d'après la convention des contractants, produisait des effets actuels, et
était seulement soumise à la résolution, si un prix meilleur était offert. Dans le premier cas, il est évident que
la vente était vis-à-vis des tiers destituée de tout effet.
L'acquéreur notamment, puisqu'il ne possédait pas, ne pouvait ni usucaper, ni exercer les interdits. Au contraire, si la
vente était exécutée comme si elle était pure et simple,
l'acquéreur jouissait de tous les avantages attachés à une
possession à titre de maître, il pouvait usucaper, et ce

(1) L. 2, C., *de pactis int. emp. et vend.* : Etienne, tome II, p. 181.

n'est qu'à lui que les interdits pouvaient être accordés.

Mais qu'arrivait-il dans ce dernier cas, si la condition venait à se réaliser, après que l'acquéreur avait aliéné la chose, ou constitué sur cette chose des droits réels, comme des servitudes ou des hypothèques? Il semble résulter des textes d'Ulpien, sur lesquels nous reviendrons bientôt en parlant du pacte de rachat, que l'hypothèque et apparemment aussi l'aliénation devaient être maintenues, ce qui, suivant nous, constituait alors un cas exceptionnel, qu'on aurait tort d'étendre aux autres cas de résolution.

CHAPITRE II.

Lex Commissoria.

On appelle ainsi la clause du contrat de vente, dans laquelle il est dit que si l'acheteur ne paie pas le prix, la vente sera considérée comme non avenue (1).

Ce pacte était complétement inutile lorsque la vente était faite sans terme, et sans aucune sûreté donnée, puisque alors le vendeur, malgré la tradition, restait cependant propriétaire, comme cela est dit formellement dans les Instituts de Justinien, § 41. *de rerum divisione.* Il était, au contraire, d'une grande utilité au vendeur quand la propriété était transférée, parce que, sans ce pacte, il ne pouvait poursuivre l'exécution de sa créance que sur l'ensemble du patrimoine de son débiteur.

Ce pacte donc a lieu dans l'intérêt du vendeur, de manière à faire résoudre la vente, si le prix n'est pas payé

(1) L. 3, D., *de Lege comm.*, 18, 3.

dans un certain délai, et parfois, en vertu de ce pacte, l'acheteur subit non-seulement la résolution, mais doit des dommages intérêts (1). Toutes les fois que l'acheteur n'a point satisfait à l'obligation dont l'inaccomplissement doit amener la résolution de la vente, le vendeur peut, selon qu'il le préfère, invoquer les effets de la résolution ou s'en tenir à la vente ; avec cette restriction, que dès qu'il s'est engagé dans un parti, il ne peut pas revenir sur l'autre. Nous lisons en effet dans le § 2 de la loi 4 *de Lege commissoria* : *Venditorem statuere debere, utrum commissoriam velit exercere, an potius pretium petere; nec posse, si commissoriam elegit, posteà variare.* S'il invoque la résolution, la chose vendue devra lui être rendue avec tous les fruits, et l'acheteur perdra les arrhes qu'il aura données (2). Le vendeur de son côté, s'il a reçu le prix doit le rendre à l'acheteur, et n'en peut retenir qu'une partie à titre de dommages intérêts, qui doivent être arbitrés par le juge.

La loi commissoire produisait son effet de plein droit, lorsqu'un terme avait été fixé pour le paiement du prix. On appliquait alors la maxime : *Dies interpellat pro homine.* C'est ce qui résulte formellement du texte d'Ulpien, qui forme la loi 4, au Digeste, *de Lege commissoria*, et qui est ainsi conçu : *Marcellus, lib.* xx, *dubitat : commissoria utrum tunc locum habeat, si interpellatus non solvat, an verò si non obtulerit? Et magis arbitror offerre eum debere, si vult se legis commissoriæ potestare solvere.* Le juge, après le terme fixé, ne pouvait accorder aucun délai de grâce au débiteur.

(1) L. 4, § 3, *de lege comm.*
(2) L. 5 et 6, D., *hoc tit.*

La loi commissoire, comme l'*addictio in diem*, produisait-elle son effet vis-à-vis des tiers? Résolvait-elle par conséquent, toutes les aliénations ou droits réels consentis par l'acquéreur? Nous nous bornons ici à dire que, dans notre sentiment, la loi commissoire ne produisait pas d'effet à l'égard des tiers, à moins que la possession n'eut été cédée à l'acheteur qu'à titre purement précaire. La question étant la même dans le cas du pacte de rachat, et ce dernier cas faisant le sujet plus spécial de notre thèse, c'est à l'occasion du pacte de rachat que nous traiterons de l'effet des conditions résolutoires en Droit romain.

CHAPITRE III.

Pacte de Réméré.

Nous arrivons à la clause qui forme le sujet spécial de notre travail, et à laquelle nous devons par conséquent donner plus de développement, c'est-à-dire au pacte de réméré.

Les principaux textes du Droit romain, qui parlent du réméré, sont les suivants : La loi 13, D., *de pigneratitiâ actione*; la loi 7, § 2, D., *de distractione pignorum;* la loi 1, Code, *Quandò decreto opus non est*, et les lois 2 et 7, Code, *de pactis inter emptorem et venditorem compositis*.

Les textes relatifs à l'*addictio in diem*, et à la *lex commissoria*, sont beaucoup plus nombreux, puisque le Digeste contient deux titres spéciaux sur ces matières (les titres 2 et 3 du livre 18), dont le premier compte vingt fragments et le second huit, sans parler de nombreux textes épars dans le Digeste et dans le Code, et qui sont afférents à ces deux sujets.

Il semble permis d'induire de là que le pacte de réméré était moins usité chez les Romains que les deux autres. Quoi qu'il en soit, nous allons voir :

1° Ce qu'était le pacte de réméré ;

2° La nature du droit de réméré ;

3° Quels étaient ses effets ;

4° Pendant combien de temps il pouvait être exercé.

Nous ajouterons, en appendice, quelques indications historiques sur ce pacte dans notre ancien Droit français, et sur le contrat pignoratif.

SECTION I.

QU'EST-CE QUE LE PACTE DE RÉMÉRÉ ?

Le pacte de réméré, désigné par les interprètes du Droit romain sous le nom de pacte *de retrovendendo*, était une convention par laquelle l'acheteur s'obligeait à rendre la chose au vendeur si celui-ci la redemandait, soit pour le même prix, soit pour un prix supérieur et indiqué, soit pour le prix quelle vaudrait alors. Par cette clause, l'acheteur contractait donc l'engagement de rendre au vendeur la chose vendue, lorsqu'il plaisait à celui-ci de la racheter, pourvu qu'il satisfît aux conditions de rachat, et l'on se demande : 1° si cette obligation passait activement et passivement aux héritiers du vendeur et de l'acheteur ; 2° si elle était cessible.

A. — Nous estimons d'abord qu'elle se transmettait aux héritiers des contractants, et la chose paraît tout à fait évidente par rapport aux héritiers de l'acheteur ; le but du

vendeur ayant été manisfestement de pouvoir revenir contre
une vente préjudiciable à ses intérêts, dès qu'il serait en
mesure de restituer le prix. La question fait un peu plus de
doute à l'égard des héritiers du vendeur. Le doute peut venir
de ce que la loi 2, C., *de pactis inter empt. et vend.*, parle
d'un pacte de rachat dans lequel il avait été dit formellement que si les vendeurs ou leurs héritiers rendaient le
prix, la chose devait être restituée : *Ut sive ipsi, sive hæ-
redes eorum emptori pretium quandòcumque obtulissent,
restitueretur.* Mais de ce que l'empereur Alexandre rappelle
dans ce rescrit la clause qui lui était soumise, et qui parlait
nommément des héritiers du vendeur, il n'en résulte pas
du tout que le droit de rachat ne dût point passer aux
héritiers du vendeur, quand ils n'avaient pas été mention-
nés expressément dans la clause, puisqu'il est de principe
que tous les droits pécuniaires naissant des contrats pas-
sent aux héritiers, toutes les fois que la nature ou les
termes de la convention n'indiquent pas le contraire.

Mais qu'arrivait-il si le vendeur ou l'acheteur laissaient
plusieurs héritiers? Chaque héritier, d'après les principes
généraux, n'avait sans doute action ou n'était tenu que
pour sa part; mais le contrat de vente, étant un contrat
de bonne foi, régi dès lors essentiellement par l'équité,
l'acquéreur, si les héritiers du vendeur ne s'entendaient
pas, ne pouvait pas être obligé de tronquer la chose, et il
pouvait exiger que le demandeur la reprît tout entière.

Une solution analogue eût paru juste encore dans le cas
d'une vente faite par plusieurs vendeurs au même acheteur.
Nous ne doutons pas, en un mot, que les règles consacrées
par les articles 1668 et suivants du Code civil, pour le cas
où une vente à réméré a été faite par plusieurs covendeurs

et pour le cas où le vendeur a laissé plusieurs acheteurs, ne fussent les mêmes en Droit romain ; les règles de l'équité n'étant point des règles contingentes, mais des inspirations constantes de la conscience, qui ne dépendent, par conséquent, ni des temps, ni des pays.

B. — Quant à la question de savoir si le droit de réméré était cessible, elle n'est résolue par aucun texte ; cependant, nous pouvons induire des principes généraux que ce droit n'était pas exclusivement attaché à la personne du vendeur, puisqu'il passait à ses héritiers ; que faisant donc partie de son patrimoine, il était transmissible, et par conséquent, qu'il pouvait être cédé de la même façon que toute autre créance.

Nous avons dit que tous les pactes insérés dans les contrats de bonne foi, engendraient l'action personnelle contre la partie qui était en retard de les exécuter. Mais si le pacte de réméré n'était fait qu'après la vente, le vendeur avait-il une action contre l'acheteur?

Nous croyons devoir admettre sur ce point, la doctrine enseignée par M. Demangeat, et basée sur un texte important, la loi 72, D., *de contrahendâ emptione* (1).

(1) Voici la doctrine de M. Demangeat, fondée principalement sur cette loi : « Quant au pacte rattaché *ex intervallo* à un contrat consensuel, il faut d'abord voir, s'il est interve.u *circâ adminicula*, ou s'il est intervenu *circâ substantialia*, c'est-à-dire, s'il a trait à quelque chose d'accidentel, ou bien au contraire à un élément essentiel du contrat. S'il est intervenu *circâ adminicula*, par exemple, dans le but d'abroger ou proroger un délai accordé à l'une des parties, nous ferons ici la même distinction que nous venons de faire en supposant un contrat *stricti juris* ou formé re : point d'action lorsque le pacte aggrave une dette, mais dans le cas contraire, possibilité d'employer une exception. Que si le pacte est intervenu *circa substantialia*, par exemple, dans le but de modifier le prix de vente d'abord fixé, il aura toute efficacité, par ce qu'il est considéré comme ayant renouvelé le contrat. » V. Demangeat, *Cours élémentaire de Droit romain*, t. II, p. 353, 2me édit.

SECTION II.

DE LA NATURE DU DROIT DE RÉMÉRÉ.

Tout le monde admet que le pacte de réméré engendre une action personnelle contre l'acheteur, quand il a été fait *in continenti*, et nous venons de dire qu'à notre avis, il engendre aussi cette action, quand il a été fait *ex intervallo*. D'après la loi 2, Code, *de pactis inter empt. et vend. composit.*, ce serait l'action *præscriptis verbis*, ou l'action *ex vendito*. Voici en effet ce que porte la loi : *Si fundum parentes tui eâ lege vendiderunt ut sive ipsi, sive heredes eorum emptori pretium quandocumque, vel intrà certa tempora obtulissent, restitueretur; teque parato satisfacere conditioni dictæ, heres emptoris non paret, ut contractus fides servetur, actio præscriptis verbis, vel ex vendito tibi dabitur.*

On s'est demandé pourquoi ce texte accorde à la fois au vendeur l'action *præscriptis verbis* et l'action *ex vendito*, quand une seule suffit. Quelques interprètes ont dit qu'on avait douté, dans l'origine, qu'on pût donner l'action *ex vendito*, parce que les actions qui naissent des contrats ont naturellement pour but d'assurer leur exécution, et non point d'en opérer la résolution ; qu'on avait donc été amené à n'accorder d'abord que l'action *præscriptis verbis;* mais qu'en se rendant mieux compte de la situation, on peut dire avec vérité que c'est demander l'exécution d'un contrat que de demander l'exécution de la clause même qui donne droit à sa résolution ; que l'action *ex vendito* avait donc finalement été admise à la place de l'action *præscrip-*

tis verbis, qu'on avait préférée d'abord. Il nous semble, cependant, difficile de contester que, d'après le texte précité, le vendeur a le choix entre l'une et l'autre action.

Quoi qu'il en soit, cette difficulté a peu d'importance, comparée à celle qui consiste à savoir si le vendeur, outre l'action personnelle, a ou n'a pas l'action *in rem* contre les sous-acquéreurs.

Cette question se rattache à la question générale relative à l'effet des conditions résolutoires en Droit romain.

La réalisation de ces conditions avait-elle ou non pour effet de rétroagir vis-à-vis des tiers, de manière à faire considérer à leur égard la propriété de la chose, objet primitif du contrat, comme n'ayant jamais passé sur la tête de l'acquéreur ? Ou bien, au contraire, en cas de revente ou de toute autre aliénation ultérieure de la chose, le droit du cédant primitif n'existait-il plus que vis-à-vis de la personne avec qui il avait contracté, et se réduisait-il, par conséquent, à une simple indemnité ?

Il est évident que la question ne pouvait pas s'élever toutes les fois qu'il s'agissait d'une chose transmise par mancipation ou par *in jure cessio*, vu que les actes désignés spécialement dans le Droit romain sous le nom de *actus legitimi* ne pouvaient être accompagnés d'aucun terme ni d'aucune condition. Mais la difficulté put se produire dès les premiers temps de Rome, pour les objets *nec mancipi* qui n'avaient été transmis que par tradition, et elle dut se présenter dans des cas de plus en plus fréquents, à mesure que la différence entre les choses *mancipi* et les choses *nec mancipi* tomba en désuétude.

Cette question était très-controversée entre les anciens

2

interprètes du Droit romain (1). Mais les romanistes modernes ont généralement résolu cette question dans le sens
de la résolution absolue du contrat, nous voulons dire dans
le sens de l'anéantissement de la transmission primitive de
la propriété, qui, une fois la condition résolutoire advenue,
aurait été réputée n'avoir jamais eu lieu, au moins à partir
du temps d'Ulpien. Les jurisconsultes allemands s'accor-
dent à cet égard avec nos romanistes français les plus
accrédités (2).

Malgré des autorités aussi nombreuses et aussi impo-
santes, il nous semble que c'est l'opinion contraire qui
trouve le plus d'appui dans les textes, et nous allons nous
attacher à prouver que les cas où Ulpien avait jugé l'action
in rem admissible étaient des cas particuliers, dont les romanistes modernes n'auraient pas dû tirer une règle générale, et qu'ils auraient dû considérer, au contraire, comme
des exceptions à la règle.

Le premier texte d'Ulpien se trouve dans la loi 29, au
Digeste, *de mortis causâ donationibus.* Ulpien y distingue
deux cas : le premier cas est celui d'une donation à cause
de mort ainsi faite : *ut si mors contigisset, tunc haberet,*
cui donatum est. Ulpien décide qu'alors l'action *in rem*
appartient au donateur *sine dubio*, et cela est évident. Quand

---

(1) L'opinion qui refusait au vendeur l'action réelle était cependant la plus
accréditée ; si bien que Pérézius , *in Codicem*, lib. IV, tit. 41, n. 18, va
jusqu'à dire : « *Hæc sententia omnium consensu recepta est, secundum* Covar-
ruviam, lib. 3 var., cap. 8, n. 8, et Fabrum, de error. Pragm., decad. 23,
err. 10. »

(2) En Allemagne : Thibaut (civ. Arch. XVI, p. 383; Zimmern, *ibid.* 1 ,
p. 251; Fritz, *ibid.* VIII, p. 286, et Vangerow, l. c. t. 1., p. 117-125). —
En France : Etienne (Inst., t. 2, p. 10; M. Demangeat, Cours élémentaire de Droit romain, t. II, p. 313, 2° édit.).

même, en effet, le donataire, en cas pareil, eût été mis matériellement en possession de la chose, il est clair que l'intention du donateur n'avait été que de lui transférer une possession précaire : cela résultait évidemment de ces termes *ut tunc haberet*, termes exclusifs d'une transmission de propriété immédiate.

Le second cas prévu par Ulpien est celui où il avait été dit que le donataire aurait la chose immédiatement, mais qu'il aurait à la rendre si le donateur échappait au danger prévu : *ut jam nunc haberet et redderet si convaluisset, vel de prælio, vel peregre rediisset.* Et Ulpien dit alors qu'on peut soutenir qu'en ce cas même, le donateur a l'action en revendication, *potest defendi*, expressions qui prouvent très-clairement que la solution faisait difficulté pour le grand jurisconsulte ; et s'il se décidait pour cette opinion, c'est apparemment, au moins nous le conjecturons ainsi, parce que toute possession transférée par un donateur à cause de mort devait, aux yeux d'Ulpien, être considérée comme une possession précaire, révocable *ad nutum*. En se plaçant à ce point de vue, il est clair, en effet, que le donataire à cause de mort, même en cas de remise des objets donnés, n'avait jamais pu être réputé devenir immédiatement propriétaire, et ne pouvait par conséquent avoir l'action en revendication que lorsque sa possession précaire s'était convertie en possession civile par le prédécès du donateur.

Mais induire d'un pareil texte que l'événement de la condition résolutoire anéantissait toujours, aux yeux d'Ulpien, la transmission de la propriété faite par le premier acquéreur à des sous-acquéreurs, c'est évidemment conclure du particulier au général, c'est-à-dire méconnaître un principe de logique élémentaire.

Ulpien, il est vrai, enseigne la même doctrine dans le cas de l'*addictio in diem*, ainsi que cela résulte de deux textes : de la loi 4, prin., D., *de rei vindicatione*, et de la loi 4, § 3, D., *de in diem addictione*. Dans le premier, il dit que l'acheteur ne peut plus exercer l'action *in rem* lorsqu'un tiers a offert un meilleur prix ; dans le second, il approuve Marcellus, qui avait décidé que l'hypothèque consentie par l'acheteur, dans le même cas, s'évanouissait. Mais cette situation était aussi favorable que celle du donateur à cause de mort. L'*addictio in diem* plaçait, en effet, l'acheteur dans une position très-défavorable, puisqu'il devait toujours tenir l'argent prêt sans avoir la certitude de rester propriétaire. Une situation aussi fausse devait faire que l'*addictio in diem* ne devait avoir lieu que pour une époque très-rapprochée ; et la possession de l'acheteur, durant ce délai, devait être considérée comme aussi peu stable et aussi précaire que celle du donataire à cause de mort. C'était donc encore une position particulière, de laquelle on ne saurait induire qu'Ulpien entendit appliquer la même doctrine à tous les cas d'aliénation sous condition résolutoire.

La preuve au contraire, que l'événement de la condition résolutoire n'avait pas, en principe, d'effets vis-à-vis des tiers, s'induit, à nos yeux, de la manière la plus nette, de la loi 3, au Code, *de pactis inter emptorem et venditorem*.

Un des cas de résolution les plus favorables était, en effet, bien certainement celui du pacte commissoire.

Les prudents, à Rome, avaient en effet admis, dès la plus haute antiquité, qu'en matière de vente, la tradition de la chose au vendeur ne transférait la propriété sur sa tête qu'après le paiement du prix, à moins que quelque

circonstance particulière, telle que la fixation d'un terme,
une fidéjussion, ou une sûreté équivalente, n'indiquassent
que le vendeur avait voulu suivre la foi de son acheteur.
Ce principe, d'après le § 41, aux Institutes, *de rerum di-*
visione, aurait été consacré dans la loi même des Douze-
Tables. Qu'induire de là, sinon que les jurisconsultes
romains avaient trouvé, dès l'origine, extraordinairement
favorable, la position d'un vendeur qui avait livré la chose
sans la payer, en s'attendant à un paiement immédiat.

D'après cela, ils auraient pu être amenés à décider que
dans le cas même d'un terme stipulé, ou de sûreté donnée,
la propriété ne devait pas non plus être censée transférée
à l'acquéreur, si le contrat portait qu'en cas de non paiement, la vente serait réputée non avenue, autrement dit,
dans le cas de pacte commissoire. Cependant, le contraire
est, selon nous, décidé, de la manière la plus expresse,
dans le rescrit d'Alexandre Sévère qui forme la loi 3, au
Code, *de pactis inter emptorem et vendit.* L'empereur y
dit en effet ; « *Qui ea lege prædium vendidit, ut nisi reli-*
quum pretium intrà certum tempus restitutum esset, ad se
reverteretur : si non precariam possessionem tradidit, rei
vindicationem non habet, sed actionem ex vendito. » Quoi
de plus clair que ce texte ! Le vendeur a eu beau dire que
si ce qui lui reste dû sur le prix, n'était pas payé au
terme fixé, le fonds lui reviendrait, il n'a pas l'action en
revendication, à moins qu'il n'eût donné à l'acheteur
qu'une possession précaire, auquel cas il est parfaitement
évident, *l'accipiens* ne possédant pas pour son propre
compte, qu'il n'y a jamais eu tradition proprement dite,
et partant point de déplacement de propriété. Si donc le
tradens a livré la possession civile, et non pas seulement

la détention de l'objet, la propriété a été vraiment transférée, et l'empereur Alexandre en conclut que le vendeur
n'a plus l'action en revendication. Pour expliquer cette
solution, M. Etienne (1), dit que, dans l'espèce du rescrit,
une *grande* partie du prix avait été payée, ce qu'il a induit
sans doute de ces mots, *nisi reliquum pretium :* mais
ces mots, reste du prix, n'indiquent pas du tout que la
majeure partie eût été soldée. Il est plutôt à croire que
les Romains se servaient de cette formule dans le pacte
commissoire toutes les fois que le prix n'était pas payé en
entier, parce que c'étaient des gens trop avisés pour livrer
les biens par eux vendus, sans avoir touché une partie
du prix assez forte pour les mettre à l'abri des dépré-
ciations, qui pourraient survenir ultérieurement à ces biens
par la mauvaise administration de l'acquéreur, ou par
toute autre cause.

La loi 3, Code, *de pactis inter emp. et vendit. compositis,*
contient donc un principe absolu. Quelle que fût la partie
du prix restant due, le pacte commissoire ne pouvait engendrer qu'une action personnelle contre l'acquéreur.

La loi suivante, qui est encore un rescrit du même
empereur, dispose, il est vrai, que le vendeur ne peut plus
se prévaloir du pacte commissoire, si au lieu de reven-
diquer la chose, il a mieux aimé demander les intérêts du
prix, et de ces mots : *qui non rei vendicationem eligere,
sed usurarum pretii petitionem sequi maluit,* les nombreux
auteurs dont nous combattons la doctrine, en concluent
qu'avant qu'il eût demandé les intérêts du prix, le vendeur avait donc l'action en revendication. Mais cette con-

---

(1) Institutes, *loc. cit.,* p. 10, note 1.

clusion ne nous semble pas exacte, car l'antinomie entre
la loi 3 et la loi 4 serait alors flagrante; et il n'est pas à
croire, ni que l'empereur Alexandre eût décidé la question
en sens inverse dans les deux rescrits, ni moins encore,
que dans les deux lois qui se suivent, les rédacteurs du
Code eussent laissé subsister une antinomie saillante, et
résolu la question, presqu'au même instant, en sens
opposés. Mais toute antinomie disparait, si l'on suppose,
et il est très-naturel de le supposer, que la loi 3 se réfère
au cas de la possession précaire, et la loi 4 au cas inverse,
celui de la possession originairement précaire, mais qui
change de caractère dès que le vendeur opte pour le paiement des intérêts du prix, car un vendeur ne peut jamais
réclamer à la fois le prix et la chose. On pourrait dire aussi
que par ces mots: *vindicationem rei eligere*, l'empereur
Alexandre voulait dire simplement *rem eligere*, le mot
vindicatio, comme celui *de petitio*, pouvant dans un sens
large, être entendu de l'action fondée sur le *jus ad rem*
comme de celle fondée sur le *jus in re*.

La solution que nous venons de donner pour le pacte
commissoire serait-elle repoussée, il nous semblerait encore difficile d'admettre, que dans les autres cas de condition résolutoire et spécialement dans le cas du pacte de
rachat, le vendeur, dans le Droit romain, conservât le
jus in re. Il est à remarquer, en effet, que le pacte commissoire était celui dont il importait le plus d'assurer les
effets dans l'intérêt du vendeur, exposé dans le cas d'une
revente, à perdre à la fois la chose et le prix, tandis
que dans le cas du pacte de réméré, le vendeur qui perd
l'utilité de ce pacte, perd nécessairement beaucoup moins,
puisqu'il conserve au moins le prix intégral de la chose
vendue, tel qu'il avait été primitivement fixé.

Ajoutons, comme dernière considération, que dans le cas de pacte commissoire, l'instabilité de la propriété, dans la doctrine qui n'est pas la nôtre, n'eût pas en général subsisté longtemps, le vendeur ayant presque toujours un grand intérêt à presser l'acheteur de se libérer; tandis que beaucoup de vendeurs à pacte de rachat peuvent passer un très-long temps sans trouver de l'avantage à exercer le rachat. Comme on le dira dans la section IV, l'action du réméré jusqu'à Théodose le Jeune, n'était, comme toutes les actions civiles en général, soumise à aucune prescription, de telle sorte qu'après quarante, cinquante, soixante ans, un vendeur ou ses héritiers auraient pu utiliser contre des sous-acquéreurs le pacte de rachat, ce qui paraît bien difficile à admettre, parce que cela eût amené dans la transmission des propriétés des incertitudes par trop grandes.

Mais passons aux autres points de notre sujet, qui sont loin de présenter autant d'importance et surtout autant de difficultés que celui que nous venons de traiter.

SECTION III.

DES CONDITIONS ET DES EFFETS DU RÉMÉRÉ.

Le réméré devait évidemment s'exercer de la manière indiquée par le contrat, si les conditions avaient été réglées d'une manière particulière. S'il avait été dit, par exemple, que le réméré ne pourrait s'exercer qu'en remboursant un prix supérieur à celui de la vente, l'acheteur était certainement obligé de rembourser la somme convenue. Nous nous

plaçons donc dans l'hypothèse où il avait été convenu purement et simplement que le vendeur pourrait reprendre la
chose, en rendant le prix, et nous avons à examiner quel
était alors l'effet du pacte :

1° Par rapport aux fruits ou intérêts ;

2° Quant aux dégradations ou améliorations faites par
l'acheteur ;

3° Quant aux servitudes ou hypothèques qu'il aurait
constituées sur le fonds.

§ 1. — *Des fruits et intérêts.*

La règle à cet égard, s'induit d'une manière très-claire
de la loi du Code déjà citée, loi 2, *de pactis inter emptorem
et venditorem...* Il y est dit, en effet, *in fine,* que l'acquéreur devait compte au vendeur exerçant le rachat de tout
ce qu'il avait perçu depuis l'offre du prix de rachat ; *habitâ,*
dit la loi, *ratione eorum quæ post oblatam ex pacto quantitatem ex eo fundo ad adversarium pervenerunt.* Il faut conclure
évidemment de là, que l'exercice du droit de rachat, n'avait
pas, au moins quant aux fruits, d'effet rétroactif : que jusqu'au rachat, par conséquent, l'acquéreur gagnait les fruits,
comme le vendeur profitait des intérêts du prix qu'il avait
reçu. Mais, à dater du jour du rachat offert, cette compen-
sation entre les fruits de la chose et les intérêts du prix
n'avait plus lieu. L'acquéreur devait rendre tous les fruits
de la chose qu'il avait tardé à restituer, sans qu'il pût demander les intérêts du prix courus depuis le rachat, vu que
depuis ce jour, le vendeur s'était lui-même dessaisi du prix
en le consignant.

§ 2. — *Compte des dégradations ou améliorations.*

Le réméré n'étant que l'exécution d'une clause du contrat de vente, et le contrat de vente étant essentiellement un contrat de bonne foi, le vendeur et l'acquéreur doivent s'indemniser équitablement des dégradations ou améliorations de l'héritage venant de leur fait. L'acheteur ne doit donc pas tenir compte seulement du profit qu'il aurait retiré des dégradations. Il doit une indemnité aussi pour celles qui ont été le résultat de sa négligence, parce que à la différence de l'acheteur qui achète purement et simplement, et qui peut, comme maître absolu, détruire la chose s'il lui plaît, l'acquéreur sujet au réméré, ne doit pas perdre de vue que le vendeur pourra user de son droit. La bonne foi l'oblige par conséquent, à veiller dans l'intérêt du vendeur à la conservation de la chose dans son état primitif.

Le vendeur, de son côté, doit tenir compte à l'acheteur : 1° des réparations nécessaires, quelqu'en soit le montant, puisqu'il aurait dû les faire lui-même, s'il n'avait pas vendu l'immeuble ; 2° des réparations utiles, à concurrence de la plus value, puisque autrement, il s'enrichirait au détriment de l'acheteur. Quant aux dépenses voluptuaires, le vendeur n'a rien à rembourser, pourvu qu'il laisse à l'acheteur la liberté de prendre tout ce qu'il en pourra emporter ; et la même règle devrait même être observée, si les dépenses utiles étaient d'une importance telle que la position peu aisée du vendeur le mit dans l'impossibité de les rembourser. La bonne foi, en effet, qui doit régler tous les rapports du vendeur et de l'acheteur, ne peut pas autoriser celui-ci à se soustraire au rachat, en faisant des améliorations dans des proportions exorbitantes, et telles que le vendeur ne les eût certainement pas faites, s'il n'avait pas aliéné son fonds. (*V. L. 28, Dig., de rei vindicatione*).

§ 3. — *Des servitudes ou hypothèques constituées par l'acheteur sur le fonds.*

La question de savoir si les servitudes ou autres droits réels constitués par l'acheteur pouvaient subsister après le rachat, dépend de l'opinion qu'on adopte sur la nature du droit de réméré. Si l'on admet avec nous, que le pacte de rachat ne donnait qu'un droit personnel contre l'acheteur, les servitudes et autres droits concédés par celui-ci devaient nécessairement subsister nonobstant le rachat, et l'acheteur devait seulement indemniser le vendeur de tout le préjudice que pouvait lui causer l'existence de droits réels qu'il n'aurait pas dû concéder.

SECTION IV.

DE LA DURÉE DU RACHAT.

Si la durée du rachat avait été fixée par la convention, il fallait évidemment s'en tenir aux termes du contrat. Mais que fallait-il décider quand le contrat n'avait rien réglé sur ce point? Comme les actions dérivant des contrats, étaient des actions civiles, et à ce titre, des actions perpétuelles, il fallait nécessairement conclure du silence

des contractants sur la durée du rachat, que jusqu'à la
Constitution de Théodose le Jeune qui établit la prescription de trente ans, le rachat pouvait être exercé pendant un
temps indéfini. C'est même une des raisons les plus fortes
qui nous portent à penser, qu'en Droit romain, le pacte de
rachat ne conférait pas au vendeur d'action réelle, vu que
dans l'opinion contraire, on est obligé d'admettre que l'incertitude et l'instabilité de la propriété pouvaient se pro-
longer pendant des siècles. Il nous parait difficile de supposer que les jurisconsultes romains eussent admis une
conséquence aussi contraire à l'intérêt public. L'usucapion
aurait pu protéger quelquefois les acquéreurs des servitudes, mais n'eut jamais pu protéger les créanciers hypothécaires de l'acheteur ou de ses héritiers, ce qui eût rendu la
position de ces créanciers par trop périlleuse.

APPENDICE.

Du pacte de rachat dans l'ancien Droit français, et du contrat pignoratif.

Le pacte de rachat est une convention si naturelle et si
favorable aux vendeurs pressés par des besoins d'argent
impérieux, qu'il dut être dans notre ancien Droit, aussi fréquemment employé que dans le Droit romain. Les monu-
ments les plus anciens du Droit français ne laissent sur ce
point aucun doute.

Guillaume Durand, évêque de Mende, vivait comme on
sait, dans le xiiie siècle; et, dans son célèbre *Speculum juris*,

livre IV, partie III, *de emptione et venditione*, 2°, 7°, il atteste que la vente à réméré était une vente très-usitée. *Sæpe contingit*, y est-il dit, *ut emptor faciat pactum venditori de revendendâ illi re emptâ*, et Durand donne un modèle de l'acte qu'il convient de dresser à cet effet.

Il est aussi question du pacte de rachat, dans Gui-Pape, qui écrivait au XVᵉ siècle (V. Quæst. 516 et 569); et Tiraqueau au XVIᵉ siècle, écrivit un traité spécial sur le retrait conventionnel, *de retractu conventionali* : c'est sous ce nom qu'on désignait alors le pacte de réméré.

La forme de la vente à réméré fut même employée beaucoup plus souvent dans notre ancien Droit français que dans le Droit romain, par la raison que les contrats pignoratifs étaient, dans notre ancienne France, beaucoup plus fréquents qu'à Rome. Comme, chez les Romains, l'usure ne pouvait pas dépasser un certain taux, il est bien probable que pour dépasser ce taux, les usuriers recouraient déjà à des artifices, et rien ne se prête mieux à la dissimulation d'un contrat pignoratif que la vente à réméré. Mais le contrat pignoratif devint naturellement beaucoup plus fréquent dans notre ancien Droit, puisque le prêt à intérêt était considéré comme illicite par la grande majorité des canonistes, dont les principes avaient été admis et consacrés par la jurisprudence des Parlements ; et c'était presque toujours sous la forme d'une vente à réméré que le contrat pignoratif se déguisait. Le juge devait donc discerner, dans chaque espèce, si la vente à réméré était sérieuse, ou si elle n'avait été employée qu'en apparence, pour masquer un prêt usuraire.

La durée du pacte de rachat était dans notre ancien Droit comme en Droit romain livrée à la fixation des parties,

Mais on admit généralement que le rachat ne pourrait pas être exercé après trente ans, quand la convention n'exprimait aucun terme ; et la coutume de Paris dans son article 108 , en avait une disposition précise.

On admit aussi presque partout dans notre ancien droit que le pacte de rachat était réel, c'est-à-dire que le rachat pouvait être exercé contre tout détenteur (V. Lapeyrère, v° *Rachat*, n° 3, et les autorités qu'il cite). Mais cette doctrine ne dut apparemment prévaloir que par ce que le rachat ne pouvait pas être imprescriptible comme en Droit romain, et que la règle que les actes sous seing privé n'ont d'effet à l'égard des tiers qu'à dater du jour où leur date est devenue certaine , fut admise de bonne heure en Droit français. Cette règle rendit les clauses des contrats passés autrement que dans la forme authentique beaucoup moins dangereuses pour les tiers.

Quoi qu'il en soit , nous approuvons fort les auteurs du Code civil d'avoir défendu dans l'article 1660, de stipuler la faculté de rachat pour un terme excédant cinq années, parce que au-delà de cette limite, elle ne saurait avoir que des conséquences très-fâcheuses pour la société, en prolongeant, outre mesure, l'incertitude sur l'effet d'un contrat aussi important et aussi usuel que le contrat de vente.

Nous n'en dirons pas davantage sur ce point, notre thèse pour le Droit français n'ayant trait qu'aux retraits proprement dits , et non pas au réméré.

Deuxième Partie.

DROIT COUTUMIER.

Des retraits ; spécialement, du retrait lignager, du retrait féodal et du retrait censier.

Maillart sur la coutume d'Artois, tit. III, n° 5, définissait le retrait d'une manière très-exacte, le droit qu'a un tiers de se faire subroger à la place de l'acheteur d'une chose, en remboursant à l'acheteur, dans un temps fixé, le prix principal et les accessoires de la chose vendue.

Dans le droit coutumier, on désignait aussi fréquemment comme nous l'avons dit, le pacte de rachat sous le nom de *retrait conventionnel*. Mais le pacte de rachat diffère essentiellement des retraits proprement dits. Le pacte de rachat n'est pas, en effet, une restriction du droit de propriété. Un propriétaire a évidemment le droit de ne se dépouiller de sa chose qu'à des conditions qu'il indique, et en cela même, il fait acte de maître.

Dans les retraits, au contraire, le droit de propriété se trouve sensiblement restreint dans sa portée ordinaire,

Le vendeur a voulu transférer d'une manière irrévocable la propriété sur la tête d'un acheteur, et cette volonté, qui n'est, ce semble, que l'exercice du droit de propriété, peut cependant être complétement paralysée par le fait d'un tiers qui vient se substituer à l'acheteur, sans l'assentiment ni de l'acheteur ni du vendeur.

Une différence aussi capitale entre la faculté de rachat et les retraits proprement dits, indique tout d'abord pourquoi les Romains connurent de tout temps le premier de ces droits, et ne connurent les autres que fort tard, ainsi que nous le prouverons en parlant dans la suite du retrait lignager et du retrait litigieux. La propriété romaine, avons-nous dit, était en effet, un droit des plus absolus, et véritablement sacré. Or, pour autoriser des retraits, il faut faire brèche nécessairement au droit de propriété, et admettre une propriété moins inviolable que le domaine des vieux Quirites, c'est-à-dire, un état social très-différent de celui des anciens Romains.

La propriété coutumière, par les motifs que nous indiquerons bientôt, était, en effet, un droit moins fortement organisé que la propriété romaine, et les retraits, dans notre ancien droit coutumier, étaient fort nombreux. Merlin, dans son répertoire, v° *Retrait*, en indique jusqu'à vingt-cinq. Mais le plus grand nombre des retraits qu'il énumère n'étaient connus que dans quelques coutumes locales, et n'avaient que peu d'importance. Ceux qui avaient une grande portée, et qui régissaient de très-vastes contrées, se réduisaient à six ; savoir : le retrait lignager, le retrait féodal, le retrait censuel, le retrait successoral, le retrait de mi-denier et le retrait litigieux. Ces trois derniers retraits ayant été admis par le Code civil, nous

no parlerons maintenant quo des ·trois autres, pour no
point nous exposer à dos répétitions. Nous ajouterons seulement quelques mots sur certains retraits qu'on groupait
sous le nom commun do retraits do bienséance.

CHAPITRE PREMIER.

Du retrait lignager.

L'origino du retrait lignager, admis dans toutes nos
anciennes contrées coutumières, so perd dans la nuit des
temps. Quelques-uns de nos anciens jurisconsultes faisaient remonter cette institution jusqu'aux lois de Moïse.

Le retrait lignager avait, en effet, do l'analogie avec
co que les Hébreux appelaient *l'année jubilaire*. Mais les
différences étaient grandes. Dans l'année jubilaire, le
retrait avait lieu de plein droit, et le bien aliéné faisait
retour à la tribu ou à la famille, sans qu'il y eût lieu de
restituer à l'acheteur le prix originairement payé, tandis
que le retrait lignager ne pouvait s'exercer qu'à la condition d'indemniser l'acheteur.

Chez les Romains, un retrait semblable au retrait
lignager était connu au temps de Valentinien II et de
Théodose le Grand, puisque ces empereurs l'abrogèrent.
Voici en effet co que portait la constitution de ces princes,
qui formo la loi 6, au Codo Théodosien, *de contrahenda
emptione*, et la loi 14 au Code de Justinien, au même
titre : « *Dudum proximis consortibusque concessum erat,
ut extraneos ab emptione removerent, neque homines suo
arbitratu vendenda distraherent : Sed quia gravis hæc*

3

videtur injuria, quæ inani honestatis colore velatur, ut homines de rebus suis facere aliquid cogantur inviti, superiore lege cassata unusquisque suo arbitrio quærere, vel probare possit emptorem.» Cette constitution prouve que les proches avaient auparavant un droit de retrait. Depuis quelle époque? C'est ce que la constitution n'indique pas. Elle se borne à dire: *Dudum concessum erat.* Godefroi, qui, dans son commentaire du Code Théodosien, a expliqué doctement ce texte, croit que ce retrait s'était introduit au temps de Constantin. Quoi qu'il en soit, puisque Valentinien et Théodose le Grand l'abolirent, il n'existait plus à l'époque de l'établissement des Francs dans les Gaules : ce n'est donc pas du Droit romain qu'a pu venir le retrait lignager.

Ce retrait prit évidemment sa source dans l'antique copropriété de la tribu Germaine, et n'en fut qu'une conséquence.

Les lois barbares ne mentionnent pas d'une manière précise le principe de la copropriété de la tribu, mais il découle de plusieurs de leurs dispositions, que ce principe dominait toute la législation germanique. Il avait pour principal effet d'obliger le propriétaire à obtenir, avant d'aliéner son patrimoine, le consentement de ses héritiers présomptifs.

Le Droit coutumier de l'Allemagne conserva intact, pendant l'époque féodale, cet antique usage. Nous lisons en effet dans le *Jus provinciale* (1) *Allemanicum: «Si quis proprietatem suam invitis heredibus et sine advocati judicio alienet, tunc judex quem ideo adeunt et illic contradicunt, bona heredibus adjudicat.»*

(1) *Jus Provinciale Allemanicum,* C. 118, § 3.

En Bretagne, le principe de la copropriété de la famille resta en vigueur pendant tout le moyen âge. D'après les plus anciennes chartes bretonnes, les parents ne venaient pas seulement consentir aux actes d'aliénation et les approuver, toute la famille agissait collectivement et au même titre; la vente d'un bien de famille était faite au nom de tous les héritiers présomptifs.

D'après le *Liber feudorum* (1), le propriétaire ne pouvait aliéner un fief propre, même pour le donner à sa fille, sans le consentement des agnats, héritiers présomptifs : « *Alienatio feudi paterni non valet, etiam domini voluntate, nisi agnatis consentientibus, ad quos beneficium quandocumque sit reversurum.* »

Dans le Midi, l'influence du Droit romain, qui y forma toujours le Droit commun, fit que l'idée de la co-propriété de la famille n'y fut jamais admise en principe. Les actes d'aliénation passés par les propriétaires dans le Midi n'étaient faits qu'en leur nom propre, et les héritiers présomptifs n'y intervenaient pas.

Le retrait lignager fut au contraire généralement admis dans toutes les provinces du Nord de la France, et un édit de Henri III, de 1581, avait ordonné qu'il aurait lieu dans tout le royaume. Exposons-en maintenant les principales règles.

Merlin, v° *Retrait lignager*, définit ainsi ce retrait : « C'est » le droit que la loi accorde aux parents du vendeur d'un » immeuble, d'obliger l'acheteur à le leur délivrer, en le » remboursant et en l'indemnisant de tout ce que l'acqui- » sition lui a coûté. » Ce retrait avait donc pour but,

(1) *Liber feudorum*, lib. 11, tit. 39.

comme les usages qui l'avaient précédé, de maintenir les biens héréditaires dans les mêmes familles.

Nous diviserons cette matière intéressante, quoiqu'elle n'offre plus qu'un intérêt historique, en sept sections : 1º Choses qui étaient sujettes au retrait; 2º quelles qualités devaient avoir les héritages pour y être soumis ; 3º à qui le retrait était accordé; 4º de la préférence en matière de retrait lignager; 5º dans quel délai fallait-il le demander; 6º obligations qui en découlaient ; 7º formalités du retrait.

SECTION PREMIÈRE.

DES CHOSES QUI POUVAIENT ÊTRE SUJETTES AU RETRAIT LIGNAGER.

La plupart des coutumes, en parlant de ce retrait, s'exprimaient ainsi : « Quand aucun a vendu, ou transporté son propre héritage » (1). Il n'y avait donc, suivant le Droit commun, que les héritages qui fussent sujets au retrait lignager. Ce terme d'héritage ne comprenait, en général, que les fonds de terre et les maisons.

Les coutumes de Lodunois, du Maine, d'Anjou, de Poitou, d'Angoumois, de La Rochelle, de Saintonge, de Bretagne et de Normandie appliquaient le retrait à tous les biens immeubles sans distinction, aux immeubles fictifs par conséquent, comme aux fonds de terre (2).

(1) Coutume de Paris, art. 130; Coutume d'Orléans, art. 300.

(2) Lodunois, ch. 15, 1. — Maine, art. 378. — Anjou, art 310. — Poitou, art. 310. — Angoumois, art. 55. — La Rochelle, art. 30, 31, 32. — Saintonge, art. 43. — Bretagne, art. 208. — Normandie, art. 453, 469, 470.

Le retrait s'appliquait aussi bien aux ventes de parts indivises, de la moitié, du tiers, du quart d'un héritage, qu'aux ventes totales. Mais il ne s'appliquait pas aux démembrements de la propriété, résultant d'une concession d'usufruit. L'art. 147 de la coutume de Paris le décidait formellement ainsi : « Si aucun vend l'usufruit de son propre héritage à personne estrange, ledit usufruit ne chet en retrait. » Cette décision venait de ce que le droit d'usufruit est un droit de servitude personnelle, un droit qui est attaché à la personne de l'usufruitier, et n'en peut être détaché. Lorsqu'un usufruitier vend son droit d'usufruit, c'est plutôt l'émolument de ce droit, que le droit lui-même qu'il vend : il accorde simplement le droit de recueillir à sa place, les fruits qu'il a le droit de percevoir par lui, ou par un autre, en vertu de son droit d'usufruit.

Quant aux meubles proprement dits, la règle générale était partout qu'ils ne donnaient pas lieu au retrait. « Choses mobiliaires ne chéent en retrait, » disait la coutume de Paris (1).

Loysel (2) posait la règle en termes un peu différents : « Retrait n'a lieu en usufruit, ni en meubles, s'ils ne sont, » disait-il, fort précieux, et des grandes maisons. » Pour ce qui est de l'usufruit, nous venons de voir que la coutume de Paris, dans l'art. 147, édictait la même règle.

Pour les meubles, elle ne faisait pas d'exception ; mais la règle de Loysel paraissait cependant admise généralement dans les pays coutumiers, d'après ce que dit Laurière dans ses notes sur la règle de Loysel précitée.

---

(1) Coutume de Paris, art. 145.

(2) Loysel, Institutes coutumières, liv. iii ; tit. v, règle xiii.

Les rentes constituées, suivant le droit commun, n'é-
taient pas sujettes au retrait lignager, même dans les
coutumes qui les réputaient immeubles. La coutume d'Orléans, art. 101, disait expressément :« Rentes constituées
» à prix d'argent sont réputées immeubles, » et dans
l'art. 399 : « Rentes constituées généralement ou spéciale-
» ment ne sont sujettes au retrait lignager. » La raison
est, disait Pothier, *Retraits*, n° 39, que les retraits n'avaient
été établis qu'à l'égard des héritages ; or, une rente constituée n'étoit ni un héritage , ni un droit sur un héritage.
Les rentes , il est vrai, étaient réputées immeubles, mais
c'était une fiction qui ne s'étendait pas à la matière des
retraits, vu que les retraits appliqués aux meubles auraient présenté trop d'inconvénients.

Les droits successifs, lorsque la succession était toute
mobilière, n'étaient pas sujets au retrait lorsqu'ils étaient
vendus. Mais s'il y avait des héritages dans la succession
dont les droits étaient vendus, il y avait lieu au retrait.

Les bois sur pied et les fruits pendants par racines , qui
se trouvaient sur un héritage, en faisaient partie ; toutefois,
on ne pouvait, quand on les vendait à part, les considérer
comme héritage, et par suite , ils n'étaient pas sujets au
retrait. La coutume du bailliage de Sens était explicite sur
ce point, dans son art. 68 ainsi conçu : « En vente de coupe
» de bois de haute futaie, taillis ou arbres pour abattre, n'y
» a retrait. Mais si la coupe de bois de haute futaie, taillis
» ou arbres, pour une fois appartient à aucun, et le fonds
» à un autre, et il advienne que ladite coupe soit vendue,
» il sera loisible à celui auquel appartient ledit fonds, et
» non à autre , avoir par droit de retrait ladite coupe, en
» remboursant le prix , frais et loyaux coûts. »

SECTION II.

QUELLE QUALITÉ DEVAIENT AVOIR LES HÉRITAGES POUR ÊTRE SUJETS AU RETRAIT LIGNAGER?

Loysel (1), dans ses Institutes coutumières, nous dit :
« Retrait seigneurial a lieu tant en propres qu'en acquêts ;
» le lignager coutumièrement, en propres seulement, qui
» est ce qu'on dit, qu'en conquêts ne gît retrait. »

Le plus grand nombre des coutumes s'expliquaient sur
la qualité de *propre* que devaient avoir les héritages. De ce
nombre étaient les coutumes de Paris, d'Orléans, de
Sens. Plusieurs autres, cependant, autorisaient le retrait
lignager pour les acquêts. La coutume de Normandie,
notamment, dans son art. 451, s'exprimait ainsi : « Tout
» héritage ou autre chose immeuble, soit propre ou ac-
» quêt, etc... (2). »

De là, la question de savoir si, sous l'empire des coutumes muettes, les acquêts étaient sujets au retrait, ou
s'il n'y avait que les propres.

Pour la négative, on disait que les coutumes qui n'accordaient le retrait que pour les propres, devaient former
le droit commun, parce que c'étaient les plus importantes
du royaume.

_____

(1) Loysel, Inst. cout., liv. III, tit. V, règle VII.

(2) V. aussi coutume de La Rochelle, art. 20. — Poitou, art. 358. — Angoumois, art. 55. — Normandie, art. 451.

Pour l'affirmative, on disait, et suivant nous avec plus
de vraisemblance, qu'on ne devait pas exiger que les héritages fussent des propres, lorsque cela ne découlait pas du
texte même de la coutume, puisque le retrait était la règle
générale en matière immobilière.

Dans les coutumes qui n'autorisaient pas le retrait pour
les acquêts, on considérait, du reste, comme propres les
biens acquis par avancement d'hoirie. On pensait que par
cela seul qu'un domaine était entré dans une famille, et
qu'il y avait fait souche, il était affecté envers tout le
lignage au droit de retrait : aucun membre de la parenté
ne pouvait donc dépouiller le reste de la famille du droit
qu'elle avait collectivement acquis sur cet immeuble (1). Ce
droit collectif de tous les lignagers rappelait l'ancien système de la copropriété de la famille. La famille agissait, en
quelque sorte, en vertu d'un droit préexistant, semblable
à celui d'un fils, pour lequel toute donation provenant d'un
ascendant était réputée avancement d'hoirie. De là, l'héritage racheté par le parent lignager était aussi réputé
propre et non acquêt.

SECTION III.

A QUI ÉTAIT ACCORDÉ LE RETRAIT LIGNAGER.

Le droit d'exercer le retrait n'appartenait qu'aux parents
lignagers, c'est-à-dire à ceux de la ligne dont provenait le
bien vendu. Cette disposition du Droit coutumier paraît

(2) Pothier, *Traité des retraits*, n° 47.

avoir eu la même origine que la règle *Paterna paternis*, *materna maternis*.

La distinction des coutumes souchères et des coutumes simplement lignagères existait en matière de retrait comme en matière de succession. Lors de la réformation de la coutume de Paris, on admit qu'il suffisait pour retirer le bien vendu, d'être parent du côté et ligne du premier acquéreur, sans descendre de lui, contrairement à l'ancien droit. La plupart des coutumes adoptèrent ce système. Les droits de la famille sur les biens propres s'étendirent ainsi au-delà des limites primitives.

En Bourgogne, dès le moyen âge, à défaut de retrayants dans la ligne dont le bien provenait, les parents de l'autre ligne pouvaient exercer ce droit à leur place (1).

Les coutumes d'Orléans et de Nivernais restèrent souchères en matière de retrait, quoiqu'elles fussent lignagères en matière de succession. Celle de Chartres, qui ne renfermait pas de dispositions sur l'affectation des propres de succession au lignage, n'en admettait pas moins le retrait au profit des lignagers du côté d'où était venu le propre vendu. Celle de Touraine, au contraire, était souchère pour les successions et lignagère pour le retrait. Elle permettait, en outre, de retirer non-seulement les propres, mais aussi les acquêts. « En acquêts, y a lieu de retrait au » profit du lignager du vendeur qui aurait fait ledit » acquêt (2). »

Le vendeur, dans cette matière, était celui qui aliénait son héritage à titre de vente, soit que ce fût lui-même qui

(1) Ancienne coutume, art. 73.

(2) Coutume de Touraine, art. 152 et 156.

l'eût vendu, soit qu'il eût seulement consenti, ou qu'il eût été forcé de consentir à la vente qui en avait été faite par un autre.

D'où la conséquence que lorsque le mari avait vendu en son nom l'héritage propre de sa femme, et que la femme avait seulement consenti à la vente, c'est la femme qui était censée avoir vendu, et c'est au profit de sa famille que le retrait était ouvert. C'est en effet la femme qui, par le consentement qu'elle avait donné à cette vente, avait aliéné cet héritage et l'avait mis hors de sa famille.

D'un autre côté, si le possesseur de l'héritage d'autrui vendait cet héritage en son nom et comme chose à lui propre, ce n'est qu'au profit de la famille du vendeur que s'exerçait le retrait; il n'existait pas au profit de la famille du véritable propriétaire, car celui-ci n'ayant ni vendu ni consenti à la vente, on ne pouvait pas dire qu'il fût le vendeur.

Un membre, à quelque degré qu'il fût, de la famille du vendeur, à laquelle la coutume accordait le droit de retrait lignager, était admis au retrait. Il fallait toutefois que son lien de parenté avec la famille du vendeur fût légitime: de là la maxime de Loysel (1): « Qui ne serait « habile à succéder ne peut à retrait aspirer. » Cela ne signifiait pas qu'il fallût être successible présomptif du vendeur, mais seulement qu'il ne fallait pas avoir d'incapacité de lui succéder; d'où Bâtards n'étaient reçus à retrait (2).

Toutefois, un membre de la famille à qui le droit de retrait lignager était accordé pouvait être admis à ce retrait,

(1) Loysel, Inst. cout. liv. III, tit. V, règle XVIII.
(2) Coutume de Paris, art. 158. — Idem, Anjou, art 308, 360. — Idem, Maine, art. 378, 379.

quoique, lors du contrat de vente qui y avait donné ouverture, il ne fût encore ni né ni même conçu, pourvu qu'il fût conçu dans l'an et jour dudit contrat. C'est au moins ce que disposait la coutume de Reims dans son art. 194 (1), ainsi conçu : « Est aussi recevable ledit fils ou autre parent, à retirer ledit héritage venant de son côté et ligne, encore que tel héritage eût été vendu auparavant qu'il eût été né et conçu. »

En matière de retrait, comme en matière de succession, la représentation était admise (2).

SECTION IV.

DE LA PRÉFÉRENCE EN MATIÈRE DE RETRAIT LIGNAGER.

Quand plusieurs lignagers voulaient exercer le retrait, quelques coutumes préféraient le plus proche parent du vendeur à celui qui était le plus éloigné.

Cette proximité en matière de retrait, de même qu'en matière de succession, se considérait avec la personne du vendeur, et non avec celui qui avait mis l'héritage dans la famille. Les coutumes qui accordaient la préférence aux lignagers les plus proches étaient divergentes les unes des autres, quant à la durée et aux effets de cette préférence.

Certaines (3) l'accordaient au plus proche parent, même après que le retrait avait été exécuté au profit

(1) Coutume de Reims, art. 104. — Idem, Vermandois, art. 253.
(2) Coutume d'Anjou, art. 309. — Idem, Maine, art. 379.
(3) Coutume de Troyes, art. 115. — Normandie, art. 475.

d'un lignager plus éloigné, pourvu que le parent plus prochain réclamât cette préférence dans le temps accordé par la coutume pour exercer le retrait. La coutume de Troyes, dans son article 145, s'exprimait ainsi : « Si » un héritage de ligne et naissant est vendu à un non » lignager, et il est retrait par un lignager, un autre » plus prochain du lignage du vendeur, du côté dont pro- » cède ledit héritage, le peut avoir par retrait, sur icelui » qui ainsi l'avait retrait, dedans l'an qu'il est mis hors de » ligne. » La coutume de Calais (1) accordait cette pré- férence « au plus prochain parent du côté et ligne, venant » avant l'exécution réelle et actuelle dudit retrait et rem- » boursement de l'acquéreur. » Celle de Châteauneuf (2) ne l'accordait au plus prochain qu'à la charge de le réqué- rir en jugement dans la quinzaine après la première assi- gnation en retrait, donnée par le parent plus éloigné. Celle de Chartres (3) voulait que ce fût dans la huitaine.

Ces différences venaient de ce que le retrait lignager était accordé en général à toute la famille. Ce droit n'ap- partenait donc nommément à personne ; le plus éloigné comme le plus proche, avait le droit de former la demande, et l'on conçoit, d'après cela, que les effets de la demande ne fussent pas les mêmes partout.

D'après la coutume de Paris, le plus diligent lignager était préféré aux autres, quoique plus proches en degré. Elle s'exprimait ainsi (4) : « Le parent et lignager qui le

(1) Coutume de Calais, art. 130.
(2) Coutume de Châteauneuf, art. 77.
(3) Coutume de Chartres, art. 68.
(4) Coutume de Paris, art. 141. — Loysel, Inst. cout., liv. III, tit. v, règle ix: « Le lignager qui prévient exclut le plus prochain, fors ès lieux où l'on peut venir entre la bourse et les deniers. »

premier fait ajourner en retrait doit être préféré à tous autres, posé qu'ils soient plus prochains parents du vendeur, encore que le retrayant ne soit descendu de celui duquel vient ledit héritage. » En Berry, cependant, les enfants et les frères du vendeur étaient préférés, pour l'exercice du retrait, aux lignagers plus diligents, mais parents moins proches (1).

Les héritiers les plus proches ne pouvaient, du reste, jamais exercer le retrait quand le bien avait été vendu à un lignager plus éloigné, mais qui aurait eu le droit de l'exercer lui-même contre un étranger. La jurisprudence avait, en effet, décidé que : « Lignager sur lignager n'a droit de retenue (2). » Le retrait ayant pour but unique de maintenir les biens dans chaque lignage, n'avait plus d'objet lorsque les biens vendus ne sortaient pas de la famille : les dispositions des coutumes sur la préférence à accorder soit aux parents les plus proches, soit aux plus diligents, ne recevaient donc leur application que quand l'immeuble avait été vendu à un étranger.

Le retrait ne pouvait être exercé que sur l'acquéreur étranger, ou sur ses héritiers, ou autres successeurs universels ou particuliers.

De ce principe découlaient les conséquences suivantes.

Le partage ne donnait point lieu au retrait lignager, parce que les copartageants étant les plus proches parents, excluaient les lignagers.

Pour la licitation, il n'y avait lieu non plus à aucun retrait, lorsque l'adjudicataire était un des lignagers,

---

(1) Coutume de Berry, tit. xiv, art. 5.

(2) Loysel, Inst. cout., liv. iii, tit. v, règle 12. — Coutume de la Marche, art. 271.

mais il y avait lieu au retrait lignager, si l'adjudicataire était un étranger.

Quand les cohéritiers licitaient un bien appartenant en commun aux deux lignes, et qu'un cohéritier de l'une des lignes se portait adjudicataire, on aurait dû, d'après les principes rigoureux du droit, accorder alors le retrait pour moitié seulement; mais la jurisprudence, afin d'éviter les embarras de ce système, qui eût nécessité une double licitation, décidait que dans ce cas, il n'y avait pas lieu au retrait lignager (1).

SECTION V.

DANS QUEL DÉLAI LE RETRAIT DEVAIT-IL ÊTRE EXERCÉ?

Pour ne pas perdre le retrait lignager, il fallait que le retrayant l'exerçât dans l'an et jour de la vente: ce délai était le terme ordinaire de la saisine. D'après l'ancien Droit germanique, l'acquéreur devenait par prescription propriétaire incommutable de l'objet acquis, au bout de l'an et jour, et l'usage fit naturellement admettre le même délai pour l'exercice du retrait. Ce délai fut consacré par le droit commun de toute la France. Loysel (2) nous dit : « Mais » le retrait lignager ne dure qu'un an après l'ensaisine- » ment, sans qu'on soit tenu rien faire signifier, etc... » L'ensaisinement était la mise en possession accordée par le seigneur.

(1) La coutume d'Anjou avait sur ce point une disposition formelle dans son article 282.

(2) Loysel, *Inst. Cout.*, liv. III, tit. V, règle VI.

La législation des Croisés fixait pour l'exerice du retrait un délai beaucoup plus court : Le fief devait être racheté dans les quatorze jours de la vente, le bien bourgeois, dans les sept jours (1).

Plusieurs coutumes admirent ce terme de quatorze jours. Ce furent, en général, celles des provinces les plus rapprochées des pays de droit écrit, et qui, par conséquent, s'éloignaient plus des traditions germaniques que celles du Nord. Telles étaient les coutumes de Bourges et de Limoges. D'après cette dernière, le retrait devait être exercé dans les quatorze jours après la sommation faite par l'acquéreur au parent lignager.

Ce délai, pour l'exercice du retrait, fut prolongé par la suite, lors de la rédaction officielle, dans les coutumes qui n'admettaient pas celui d'un an. Il fut fixé à soixante jours en Berry (2); à trois mois en Auvergne (3); à trois mois en Bourbonnais, pour les immeubles corporels, et à six mois pour les droits immobiliers incorporels (4).

SECTION VI.

DES OBLIGATIONS QUI NAISSAIENT DU RETRAIT.

Du retrait naissaient deux obligations réciproques, l'une concernant le retrayant, et l'autre l'acquéreur.

Le retrayant devait rendre à l'acheteur le prix que

---

(1) Assises de la Cour des bourgeois, ch. xxviii.
(2) Cout. de Berry, ch. xiv, art. 1.
(3) Cout. d'Auvergne, ch. xxiii, art. 2.
(4) Cout. du Bourbonnais, art. 422. « S'il est allodial corporel dans lesdits
» trois mois, ou incorporel dedans six mois. »

celui-ci avait payé pour son acquisition, et le faire décharger ou le garantir de ce qui en restait dû. La coutume de Paris s'exprimait ainsi dans son article 130 : « Le retrayant » auquel l'héritage est adjugé par retrait, est tenu de » payer et rembourser l'acheteur des deniers qu'il a payés » au vendeur pour l'achat dudit héritage, ou consigner » les deniers au refus dudit acheteur, celui-ci dûment » appelé à voir faire ladite consignation et ce dedans » vingt-quatre heures après ledit retrait adjugé par sen- » tence, etc... » La coutume de Paris renferme dans cet article toutes les obligations qui incombaient au retrayant.

Quant aux loyaux coûts et autres frais non liquides, tels que les impenses, les coutumes ne fixaient pas de délai fatal; c'était le juge qui, sur la poursuite de l'acquéreur, déterminait le délai par une seconde sentence, quand le retrayant n'avait pas satisfait à la première.

L'acquéreur de son côté était obligé de délaisser l'héritage au retrayant, et il était encore tenu envers lui à certaines prestations, soit par rapport aux fruits par lui perçus, soit par rapport aux détériorations ou dégradations survenues par sa faute sur l'héritage.

L'acquéreur forcé d'abandonner l'héritage devait le délaisser avec tous les accroissements qui en faisaient partie, par exemple, l'alluvion.

Cette décision pouvait, à première vue, sembler rigoureuse pour le retrayé; mais on ne peut s'en étonner quand on se souvient que le droit de retrait consistait à prendre le marché de l'acheteur, et par conséquent, à profiter de tous les avantages qui avaient résulté de ce marché.

Que décider par rapport aux fruits? — Loysel (1),
s'exprime ainsi : « Les fruits sont dus au retrayant du jour
» de l'ajournement, et offres bien et dûment faites, ores
» qu'il n'y ait consignation. » Cette disposition était extrê-
mement juste; car, le jour même de l'ajournement, celui qui
intentait la demande en retrait devait avoir l'argent sous
la main, et la consignation qu'il en devait faire l'empê-
chait d'en retirer aucun intérêt. Il ne devait donc pas
souffrir de l'obstination d'un acquéreur qui ne voulait pas
le recevoir.

Les fruits recueillis par l'acquéreur depuis les offres, et
dont il était tenu de tenir compte au retrayant, ne s'esti-
maient que déduction faites des impenses, par application
du principe écrit dans la loi 36, D., § 5, *de hæreditatis
petitione* : « *Fructus non intelliguntur nisi deductis im-
pensis.* »

Quant aux fruits perçus par l'acquéreur avant l'assignation en retrait, ils lui demeuraient incontestablement
acquis. La coutume de Tours le disposait formellement
ainsi (2).

Pour ce qui concernait les dégradations et les détériorations, l'acquéreur était responsable, lorsqu'elles étaient survenues par sa faute. Mais nous pensons qu'il n'était tenu
que de la *culpa lata*, parce que jusqu'au retrait signifié, il
avait juste sujet de se croire propriétaire, et d'agir en
conséquence.

(1) Loysel, *Inst Cout.*, liv. III, tit. v, règle XLIX.
(2) Cout. de Tours, art. 108.

SECTION VI.

DES FORMALITÉS DU RETRAIT.

Le retrait s'exerçait par un exploit de demande que le lignager devait donner contre l'acheteur ou le tiers détenteur, par devant le juge compétent, aux fins de délaissement de l'héritage, et aux offres de rendre à l'acheteur le prix de son acquisition et les loyaux coûts. Les coutumes toutefois variaient sur le moment où les offres devaient avoir lieu et sur leur mode, ainsi que sur les formalités de l'assignation. Suivant quelques coutumes, la consignation d'une ou plusieurs pièces de monnaie d'or ou d'argent, avec offre de parfaire, était nécessaire (1).

Le retrait lignager, qui avait en France, comme nous l'avons dit, une origine des plus anciennes et des racines profondes, nuisait pourtant à la richesse publique en gênant la circulation des biens, et l'on n'a pas lieu de regretter qu'il ait été aboli par la loi du 19 juillet 1790.

CHAPITRE II.

Du retrait féodal.

Merlin (2) définit le retrait féodal, la facultée accordée aux seigneurs de retirer les fiefs de leur mouvance vendus ou aliénés par acte équipollent à vente (3).

---

(1) Cout. de Bordeaux, ch. ii, art. 17 ; Cout. de Saintonge, tit. vi, art. 48.

(2) Répertoire, v° *Retrait féodal.*

(3) Cette définition semble tirée de la coutume de Dreux, dont l'art. 50, ch. ii, était ainsi conçu : « Un seigneur féodal peut retirer et appliquer à son

Le retrait féodal, comme le retrait lignager, n'offre plus
dans notre Droit français actuel, qu'un intérêt historique :
mais cet intérêt, au point de vue scientifique, est très-grand,
parce que ce sujet tenait à l'essence, pour ainsi dire, de
l'organisation féodale, dont il était une conséquence nécessaire.

Pour indiquer les principaux points de vue de ce sujet,
autrefois si important, mais dont les principes fondamen-
taux peuvent seuls nous intéresser aujourd'hui, nous allons
indiquer brièvement :

1° L'origine du retrait féodal ;

2° Qui pouvait l'exercer ;

3° Contre qui il pouvait l'être ;

4° Les biens qui y étaient sujets et les obligations qu'il
entraînait ;

5° Quels étaient ses effets. Ce sera le sujet d'autant
de paragraphes.

§ 1. — Origines du retrait féodal.

Nous venons de dire que le retrait féodal, tenait à l'essence
même de la féodalité. Quels furent en effet, les premiers
germes, pour ainsi parler, de la féodalité? Ce furent des
actes de bienfaisance, mais qui n'étaient pas tout à fait
désintéressés, des bienfaits autrement dit, accompagnés
de charges, et comme nous dirions aujourd'hui, des dons
à titre onéreux. La féodalité commença d'exister le jour où

» domaine l'héritage vendu, mourant et tenant de lui en fief, pour le prix
» qu'il a été vendu, avec les loyaux coustements, quand bon lui semblera dedans
» l'an : s'il n'a reçu l'acheteur à foi et hommage ou donné souffrance dedans
» ledit temps, etc., en faisant de son fief son domaine. »

les rois Francs et les principaux seigneurs, à leur imitation, commencèrent à donner à leurs compagnons ou à leurs sujets, non pas de simples commandements ou de simples magistratures, mais des terres, dont ils abandonnaient tous les produits utiles aux donataires qu'ils en investissaient. La différence entre la magistrature et le fief fut d'abord peu sensible, parce que primitivement les fiefs ne furent que des concessions tout-à-fait précaires ou simplement viagères. Quand la libéralité était faite à titre purement précaire, et que le donateur s'était reservé le droit de la révoquer à son gré, le donataire se trouvait dans une position semblable à celle d'un fonctionnaire sujet à révocation. Quand elle était faite irrévocablement, mais seulement pour la vie du donataire, la position de celui-ci ressemblait assez à celle des fonctionnaires que nous appelons aujourd'hui inamovibles. Le bénéfice alors, *beneficium*, se distinguait encore assez peu de la fonction. Mais, à partir de l'époque où les bénéfices devinrent héréditaires, ils se distinguèrent des fonctions publiques à des caractères tellement tranchés, que les esprits les plus ignorants aperçurent la différence. Il ne faut donc pas dire avec quelques-uns, que la féodalité commença d'exciter le jour où les bénéfices devinrent héréditaires, il faut dire qu'à dater de ce jour elle atteignit son complet développement.

L'introduction de l'hérédité dans les bénéfices n'en détruisit pas cependant le caractère primordial. Le fief rappelait toujours un don entraînant de certaines charges, et particulièrement le service militaire. Il fallait donc qu'il y eût toujours sur le fief, quelqu'un qui fût en mesure d'en remplir les devoirs. Si le feudataire avait laissé plusieurs enfants mâles, c'était l'aîné des enfants; s'il n'avait laissé

que des filles et que le fief ne s'éteignit pas à défaut de
postérité masculine, c'était naturellement le mari de la
fille aînée ; et il ne dépendait jamais du feudataire, ni de
démembrer le fief par des partages, ni de changer l'ordre
de succession.

La règle que le fief devait toujours être représenté par
quelqu'un qui en remplit les devoirs, entraînait à chaque
mutation, l'obligation pour le nouveau titulaire de se présenter dans un certain délai devant son seigneur, pour lui
prêter foi et hommage, et recevoir de lui un nouvel inves-
tissement.

Si le feudataire ne pouvait pas changer l'ordre de succession au fief contre le gré de son seigneur, il pouvait encore
moins se substituer de son vivant quelqu'un que le seigneur
n'aurait pas agréé, et qui aurait pu être tout à fait hors d'é-
tat de remplir les services du fief, particulièrement le service militaire. L'acquéreur d'un fief ne pouvait donc être saisi
du fief, que lorsque le seigneur l'agréait. Mais si le seigneur ne l'agréait pas, qu'advenait-il ? On aurait pu décider qu'en ce cas l'aliénation était radicalement nulle, et
que le vendeur du fief n'était délié vis-à-vis de son seigneur
d'aucune de ses obligations. Mais cette conséquence aurait
tourné souvent au détriment du seigneur, en maintenant
sous la sujétion féodale un homme qui voulait en sortir, et
que la vieillesse, les infirmités ou toute autre cause, met-
traient peut-être hors d'état de remplir les devoirs féodaux.
On trouva donc plus naturel d'admettre que le seigneur
pouvait prendre pour son compte la vente du fief, c'est-à-
dire le retraire pour se mettre à la place de l'acquéreur. Ce
retrait lui procurait, en effet, l'avantage d'empêcher que le
fief advînt jamais à qui que ce fût contre son gré, puis-

que une fois le retrait fait, il pouvait garder le fief retiré, jusqu'à ce qu'il trouvât à le céder de nouveau à sa convenance.

On voit par là que le retrait féodal tenait, comme nous l'avons dit, à l'essence même de la féodalité. C'est le point principal que nous tenions à mettre en lumière, et nous ne ferons qu'effleurer les autres, quoique nos anciens feudistes les aient traités avec de grands développements à raison de l'importance pratique qu'ils avaient alors, mais qui a complétement disparu aujourd'hui.

§ II. — *Qui pouvait exercer le retrait féodal ?*

Nommer le retrait féodal, c'est assez dire que ce retrait ne pouvait être exercé que par le seigneur qui avait constitué le fief, ou par ses successeurs, ou par les représentants du seigneur. Quand le seigneur, par exemple, était en bas âge, c'était son gardien qui exerçait le retrait. Si la seigneurie appartenait à une femme en puissance de mari, c'était son mari. Si le suzerain avait usé de saisie féodale, c'était lui qui pouvait exercer le retrait tant que durait la saisie, parce qu'il jouissait durant cet intervalle de tous les profits du fief. Les seigneurs pouvaient aussi céder leur droit de retrait, tandis que le retrait lignager n'était pas cessible (1). La raison de la différence était sensible; c'est que le seigneur qui cédait son droit de retrait ne faisait que ce qu'il aurait pu faire après le retrait

_____

(1) Loysel, Inst. cout., liv. III, tit. v, Règle VII « Retrait lignager n'est pas cessible, si ce n'est à un autre lignager. » Coutume de Tours, art. 161. — Id. du Bourbonnais, art. 157. — Id. de la Marche, art. 280; Auvergne, tit. XXI, art. 20.

opéré, en retrocédant le fief retiré, tandis que si le retrait
lignager eût été cessible, le céssionnaire eût fait sortir
l'héritage de la parenté, ce qui ne se pouvait.

Le roi, d'après l'ancien Droit coutumier, ne pouvait
pas exercer le retrait, ce dont les feudistes du temps de
Louis XIV s'étaient étonnés, disant qu'on ne pouvait pas
comprendre que le roi, de qui découlait toute souveraineté,
et qui devait avoir à ce titre plus de droit en quoi que ce fût
que le seigneur le plus puissant, en eût moins ici que le plus
petit seigneur venu. Mais Loysel, dans ses Institutes coutumières, nous semble indiquer l'origine toute naturelle de
cette règle : « Le roi, disait-il, n'a droit de retrait seigneurial ; aussi n'en peut-on user contre lui. » La première de ces
deux règles était, pour ainsi dire, le contre-poids de l'autre. Les rois avaient nié que les seigneurs pussent exercer
le retrait contre eux ; les seigneurs durent alors demander
que le roi ne pût, à son tour, exercer de retrait contre eux ;
sans quoi, l'autorité royale, qui tendait toujours à s'accroî-
tre, aurait pu entamer les fiefs par les deux bouts, se
procurant les uns par des achats, les autres par des retraits.

§ III. — *Contre qui pouvait-il l'être?*

Le retrait féodal ne pouvait pas être exercé contre tout
acquéreur indistinctement. Il y avait d'abord des exceptions qui tenaient à la nature du contrat, et Loysel, dans
sa XXIV Règle du liv. III, tit. V, indiquait clairement contre
quels acquéreurs le retrait ne pouvait s'exercer : « En
» échanges d'immeubles, y est-il dit, donation soit sim-
» ple, soit rémunératoire, fieffe et bail à rente non rache-

» table et sans bourse délier, retrait n'a lieu. » On ne
pouvait donc exercer de retrait ni contre les échangistes,
ni contre les donataires, ni contre les preneurs à rente
non rachetable. Contre les échangistes, parce que l'immeuble reçu en contre-échange, remplaçait l'immeuble échangé,
contre les donataires, parce que le seigneur eût repris
le fief sans rien payer, ni enfin contre les preneurs à rente
non rachetable, parce que le domaine direct restait alors au
bailleur, et que c'était dès lors celui-ci qui restait soumis au
retrait. Un seigneur n'aurait pu d'ailleurs, sans s'avilir,
consentir à devenir le débi-rentier de son vassal, et à se
placer par l'effet du retrait dans une sorte d'infériorité
vis-à-vis de celui-ci.

Le retrait féodal, avons-nous dit, ne pouvait pas être
exercé contre le roi, et cette règle fut certainement pour
les souverains un moyen très-puissant d'affaiblir les
grands vasssaux. En achetant dans l'étendue des fiefs de
ceux-ci des arrière-fiefs, dont l'importance pouvait quelquefois égaler ou même dépasser ce qui restait au vassal du
fief primitif, ils pouvaient indirectement réduire le pouvoir du vassal presque à rien.

Le retrait féodal ne pouvait s'exercer non plus contre
l'acheteur, quand il était lignager du vendeur. « Le Seigneur, disait Loysel, n'a retenue sur le lignager; ainsi le
retrait lignager est préféré au seigneurial (1). » Si le
seigneur eût pu, en effet, exercer alors le retrait, il
l'aurait, en se l'appropriant, fait sortir nécessairement du
lignage, et ce résultat eût singulièrement affaibli l'une
des institutions fondamentales de l'ancien Droit français,

(1) Inst. cout. liv. III, tit. v, règle IV.

Cette règle nous semble montrer clairement l'erreur de l'auteur du mot *Retrait féodal*, dans le répertoire de Guyot et Merlin, quand il dit que le retrait féodal précéda de plusieurs siècles en France le retrait lignager. C'est, croyons-nous, le contraire qu'il faut dire. Si le droit du lignager l'emportait sur celui du seigneur, c'est que l'idée de la propriété collective des tribus Germaines avait tellement pénétré dans les mœurs et les institutions des Francs, dès leur établissement dans les Gaules, que les développements de la puissance féodale, amenés par l'hérédité des fiefs, ne purent jamais en effacer le souvenir. Le lignage continua donc à représenter la tribu.

§ IV. — *Des biens qui étaient sujets au retrait, et des obligations qu'il entraînait.*

La raison indique que le seigneur ne pouvait retraire que les choses qui avaient pu être inféodées, c'est-à-dire les immeubles corporels, tels que les fonds de terre et les édifices. « Il n'y a, disait très-bien Poquet de Livonnière, que les immeubles réels et corporels, sujets au retrait féodal, à l'exclusion des immeubles réputés réels, et des conventionnels, qui étant des choses incorporelles, incapables d'inféodation et d'accensement, ne peuvent être sujettes au retrait féodal (1). » Mais on ne distinguait pas ici comme pour le retrait lignager les acquêts des propres, l'immeuble, quel qu'il fût, étant toujours dans la mouvance du seigneur.

Les obligations du retrayant étaient de deux sortes. Il

___

(1) Traité des fiefs, liv. v, ch. II.

devait d'abord former sa demande en retrait dans un temps
assez court ; il devait ensuite indemniser complétement
l'acquéreur auquel il se substituait.

Le délai du retrait différait beaucoup suivant les coutumes. La coutume de Poitou, art. 23, et celle de Loudun,
tit. xvii, art. 1, n'accordaient que huit jours. Celle de
Tours, art. 34, en donnait quinze. La coutume de Paris,
art. 40, accordait quarante jours, et le délai était le même
dans plusieurs autres coutumes, ce qui faisait dire à
Loysel (1): « Retrait seigneurialement, *plus coutumière-*
ment, court quarante jours après le contrat exhibé.» Un
assez grand nombre de coutumes, cependant, donnaient
un an comme pour le retrait lignager ; mais le délai ne
courait jamais contre le seigneur, qu'à dater du jour où
l'acquéreur lui avait exhibé son contrat, tandis qu'il courait
contre le lignager du jour de l'ensaisissement, par ce que
l'ensaisissement accordé par le seigneur était réputé public..

L'acquéreur devait être indemnisé pleinement par le
seigneur comme par le lignager, c'est-à-dire, qu'outre le
remboursement de son prix, il obtenait celui de ses *loyaux*
coûts, expression sous laquelle on désignait non-seulement
les frais de contrat, mais toutes les dépenses de labour,
semences, et réparations nécessaires.

§ V. — *Des effets du retrait féodal.*

Le retrait féodal avait pour conséquence nécessaire de
réunir le fief servant au fief dominant : mais cette réunion
donnait lieu dans le Droit coutumier à deux questions fort

(1) Liv. iii, tit. v, règle 43.

graves La première était celle de savoir si le retrait anéantissait les charges et servitudes créées par l'acquéreur,
ou si le retrayant n'avait droit pour cela qu'à une indemnité contre celui-ci : l'opinion commune était que le
retrait produisait alors son effet contre les tiers. La seconde,
plus importante encore et plus controversée, était de savoir
si, quand le fief dominant était un propre, le fief servant
retrayé reprenait la nature du fief dominant ou s'il restait acquêt. Quoique le fief repris dépendit d'un propre,
l'équité, ce nous semble, devait le faire réputer acquêt,
puisque le retrayant n'avait pu l'obtenir qu'en remboursant l'acquéreur. L'immeuble retrait représentait donc
naturellement dans la masse de ses acquêts les deniers
qui en étaient sortis.

Telles étaient les règles principales du retrait féodal.
Nous passons au troisième retrait dans l'ordre d'importance, de l'ancien Droit coutumier, au retrait censier.

CHAPITRE III.

Du retrait censier.

Merlin définit le retrait censier; celui « en vertu duquel
» le seigneur a droit, dans quelques provinces, de retirer
» les héritages roturiers qui ont été vendus dans sa cen-
» sive. » Cette définition nous oblige à nous livrer à une
digression historique.

Au xᵉ et au xiᵉ siècle, les domaines des abbayes et des

seigneurs étaient cultivés par des tenanciers de diverses
conditions, qui payaient un cens à raison des tenures dont
ils jouissaient. Nous trouvons dans les anciens coutumiers
qu'il existait deux tenures à cens, les unes urbaines et les
autres rurales; et les assises de la Cour des bourgeois nous
apprennent qu'au moyen âge, l'usage de céder à cens des
maisons et des jardins était très-fréquent (1).

La cession à cens des biens ruraux avait principalement
pour but d'en assurer la culture. On nommait *censitaire*,
celui qui tenait la chose à cens, et seigneur *censier*, celui à
qui le cens était dû.

Ces détails une fois connus, nous ne dirons que quelques
mots du retrait censuel, par la raison qu'il n'était pas d'un
usage général dans toute la France comme le retrait féodal, et qu'il n'avait lieu que dans les coutumes qui l'avaient
formellement consacré. Les principales coutumes qui admettaient le retrait censier étaient celles de Berry, d'Anjou.
et du Maine (2). Celle du Berry disposait ainsi dans l'article 13 de son titre xiv : « Le seigneur de l'héritage féodal
» et *censuel*, vendu, cédé, ou transporté à prix d'argent,
» par le vassal ou *censier*, peut iceluy retenir pour le prix
» en rendant à l'acquéreur les frais avec les loyaux coûts
» dans quarante jours, à compter du temps que par ledit
» acquéreur lui a été exhibé le titre d'acquisition, etc... »

Le retrait censuel, comme le retrait féodal, avait pour
cause le domaine éminent des seigneurs, et la fiction par
laquelle tout héritage relevant d'un autre, soit en fief, soit

(1) Assises de la Cour des Bourgeois, art. 94.

(2) V. aussi cout. de Bretagne, art. 306. - Angoumois, art. 69. — Auvergne, ch. xxiii, art. 15. – Bourbonnais, art 424.— Bourgogne, ch. x, art. 10.—
Grand-Perche, art. 201.

en roture, était présumé n'être qu'un démembrement du
fief dont il relevait. Le seigneur censier qui voulait exercer
le retrait devait, comme le seigneur féodal, offrir réellement
à l'acquéreur le prix de l'acquisition avec les loyaux coûts;
si celui-ci refusait de les recevoir, le seigneur consignait
le prix en justice, et du jour des dites offres et consignation, l'héritage censuel était réputé acquis au seigneur par
droit de retenue, et les fruits lui en était dus (1).

On voit par là que dans les coutumes qui admettaient le
retrait censuel, il y avait une analogie très-grande entre la
censive et le fief. La censive était, en quelque sorte, un
fief roturier. Le seigneur pouvait racheter la censive comme
le fief, en remboursant l'acquéreur. Le retrait féodal et le
retrait censier étaient un même droit appliqué à des objets
différents. Le feudataire et le censitaire devaient, l'un comme
l'autre, en prenant possession de leur tenures, fournir au
seigneur le dénombrement des biens qu'ils reconnaissaient
tenir de lui. Cette déclaration pour les fiefs se nommait
Aveu et dénombrement, et *Déclaration de cens* pour les cen-
sives. La ressemblance du fief et de la censive dans les
coutumes qui admettaient le retrait censier était donc aussi
parfaite que possible.

CHAPITRE IV.

Des retraits de bienséance.

Nous avons dit qu'on connaissait dans l'ancien Droit
jusqu'à vingt-cinq espèces de retraits; mais il y en avait
plusieurs qui se distinguaient à peine les uns des autres.

(1) Cout. de Berry, ch. XIII, art. 6.

Plusieurs retraits, par exemple, étaient fondés non pas sur la parenté, ni sur la puissance féodale, mais sur de simples considérations de convenance, et on les comprenait, par ce motif, sous la dénomination commune de *Retraits de bien-séance*. Tel était le retrait de *communion* ou de *frareuseté*, qui autorisait tout copropriétaire par indivis à retraire la part vendue par un de ses communiers; le retrait d'*esclèche*, qui, même après le partage effectué, autorisait un ancien copropriétaire à retraire le bien qui avait été mis dans le lot de son copartageant, lorsque celui-ci venait à le vendre; le retrait de *bourgeoisie* ou d'*habitation*, qui permettait aux bourgeois de certaines villes, ou aux habitants de certains lieux, de retraire tout fonds qu'un étranger à la localité aurait pu acheter dans l'étendue de la ville ou de la contrée, et quelques autres encore. Mais ces retraits avaient beaucoup moins d'importance que le retrait lignager et le retrait féodal, parce qu'ils n'étaient que locaux et que les localités où on les pratiquait étaient en petit nombre.

Nous avons essayé de grouper les principales dispositions du Droit coutumier sur les retraits. L'organisation militaire de la féodalité avait complétement cessé d'exister au temps de Louis XIV; mais cette organisation avait laissé ses puissantes empreintes sur le Droit civil, jusqu'à la Révolution de 1789, qui changea complétement toutes nos institutions. Malgré ce profond bouleversement, divers retraits, admis dans les temps féodaux, sont passés cependant dans la législation moderne, parce qu'ils tenaient à des causes qui n'ont pas cessé d'exister. Ce sont: 1º Le retrait successoral; 2º le retrait de mi-denier, que nous appelons aujourd'hui retrait d'indivision; et 3º le retrait litigieux Ce sont ces trois retraits qui font le sujet de la troisième partie de notre thèse.

Troisième Partie.

DROIT FRANÇAIS ACTUEL.

Du retrait successoral, du retrait d'indivision, du retrait litigieux.

(C. civ. art. 841, 1408 et 1699 à 1701).

Avant de parler des seuls retraits de notre ancien Droit qui ont passé dans notre législation moderne, il nous semble utile d'examiner si ces trois retraits, tels que le Code civil les a réglés, sont parfaitement conformes à l'équité, et s'ils ne donnent pas lieu à des critiques fondées. Ce sera l'objet d'un premier chapitre; les règles des trois retraits seront ensuite exposées dans autant de chapitres separés.

CHAPITRE PREMIER.

Considérations générales sur les retraits conservés par le Code civil.

Loin qu'on puisse regretter que le législateur moderne ait fait disparaître le plus grand nombre des retraits

qu'avaient admis nos anciennes coutumes, on est à se demander si le Code civil n'a pas donné trop d'étendue aux
retraits qu'il a conservés. Cette question peut être posée
sans témérité relativement au retrait successoral et au
retrait ligiteux.

Le droit de propriété, en effet, est le droit de disposer de
sa chose, de la manière la plus absolue, à la seule condition de ne pas nuire à autrui. Chacun, par conséquent,
peut très-légitimement aspirer à tirer le meilleur parti
possible de sa chose, quand son intérêt l'oblige ou lui con-
seille de l'aliéner. Or, il est saillant que le droit d'aliénation à prix d'argent, qui est le plus important de tous ceux
que le droit de propriété implique, ne peut s'exercer qu'à
la condition de trouver des acquéreurs. Et comment en pouvoir trouver, quand on ne peut jamais garantir à l'acquéreur ce qu'on lui cède, et qu'il est exposé dans son marché
à s'en voir enlever le bénéfice, toutes les fois qu'il serait
avantageux pour lui, tandis qu'il sera obligé de l'exécuter
s'il est désavantageux! Ces considérations nous font gran-
dement douter de la justice du retrait successoral et du
retrait litigieux, tels que le Code civil les a réglés.

L'intérêt des familles, de ne pas voir des tiers indiscrets
venir contrarier à chaque instant les opérations d'un partage, qui a fait admettre le retrait successoral, est assuré-
ment d'un grand poids. Mais ne peut-il pas aussi se faire
que des parents riches abusent de la gêne d'un cohéritier
pauvre, pour retarder eux-mêmes le partage et pour obliger
leur cohéritier à leur vendre sa part à très-bas prix !

Les acquéreurs de droits litigieux peuvent aussi, nous
en convenons, être des spéculateurs peu délicats. Mais le
peu de faveur que cette classe de gens mérite, doit-il

laisser la personne investie d'un droit litigieux, à la merci
d'un adversaire qui compte sur sa détresse pour refuser
toute espèce d'accommodement ? Est-il moral qu'une partie
menacée d'un procès puisse dire : « Ou ma partie adverse
» ne trouvera aucun acquéreur de ses droits, et je lui oppo-
» serai alors une résistance passive, qu'elle ne pourra
» vaincre ; ou elle en trouvera, et alors je profiterai, s'il
» me plaît, du mauvais marché qu'elle aura été obligée de
» faire. » On sait bien, en effet, que quiconque est réduit
à vendre un droit litigieux, ne peut faire ordinairement
qu'un très-mauvais marché ; et il nous semble que c'est
faire la part trop belle aux gens portés à résister aux de-
mandes les plus justes, que de leur laisser faire un calcul
si peu loyal.

Pour obvier aux inconvénients que nous venons de si-
gnaler, il nous semblerait juste de n'autoriser le retrait
successoral et le retrait litigieux, qu'à une condition. Il
faudrait que la personne qui a intérêt à céder son droit,
fût autorisée pour prévenir le retrait, à sommer ses cohéritiers dans un cas, la personne qui dénie son droit dans
l'autre, d'accepter la vente de ses droits, tels quels, à un
prix déterminé ; faute de quoi, la partie qui aurait fait la
sommation serait libre de céder ces mêmes droits, sans
retrait possible, à un tiers, au prix que les parties som-
mées auraient refusé de lui donner, ou à un prix supérieur.

Au moyen de cette combinaison, tous les intérêts seraient également ménagés. Les cohéritiers n'auraient pas
à craindre de voir intervenir des tiers dans le partage, sans
qu'ils eussent été mis à même de prévenir cet inconvénient.
Les débiteurs de droits litigieux ne seraient pas non
plus livrés à la merci du premier spéculateur venu, sans

qu'on les eût mis en demeure d'accepter une transaction raisonnable. Mais, dans les deux cas, la sommation une fois faite, le cohéritier ou le demandeur d'un droit litigieux, qui auroit besoin d'argent pour ses affaires, auroit toute la facilité possible, ce qui ne seroit que juste, de chercher des acquéreurs au prix minimum qu'il auroit demandé à ses adversaires dans son offre de cession, ou au-dessus.

Le retrait d'indivision ne peut donner lieu aux mêmes critiques. Ce retrait ne fait aucun obstacle à ce que le vendeur tire de sa chose tout l'avantage possible, le prix devant naturellement rester le même pour le mari, soit qu'il achète pour la communauté, soit qu'il achète au nom de sa femme. Le retrait d'indivision, à la différence des deux autres, n'affaiblit donc en rien le droit de propriété dans la personne du vendeur. Il découle tout naturellement de la protection que le mari doit à sa femme, protection qui doit le porter à chercher toujours l'avantage de celle-ci, plutôt que le sien propre, quand leurs intérêts sont en opposition.

CHAPITRE SECOND.

Du retrait successoral (art. 841 Cod. civ.).

« Il est de l'intérêt des familles qu'on n'admette point à » pénétrer dans leurs secrets, et qu'on n'associe point à » leurs affaires, des étrangers que la cupidité ou l'envie » de nuire ont pu seules déterminer à devenir cession- » naires, et que les lois romaines peignaient si énergi-

» quement par ces mots : *Alienis fortunis inhiantes.* » C'est
en ces termes que l'orateur du Tribunat développait les
motifs des dispositions contenues dans l'art. 841 du Code
civil.

Tel qu'il fut établi par le législateur de 1804, le retrait
successoral n'a pas certainement, selon nous, dans l'his-
toire du Droit, l'antique origine que quelques auteurs (1)
ont voulu lui donner. On a voulu le faire remonter aux
deux lois romaines qui se trouvent au Code de Justinien,
et qui sont connues sous le nom de lois *Per diversas* et *ab
Anastasio* (2), dont nous reparlerons dans notre quatrième
chapitre. Mais ces lois, qui n'avaient trait qu'à la cession
des droits litigieux, ne pouvaient recevoir aucune application à des droits certains, comme le sont ceux de tout
héritier dont la qualité n'est pas contestée. Aussi, dans
notre ancien Droit, ce retrait était loin d'être admis universellement dans les coutumes qui n'admettaient pas les
retraits de bienséance. Le Parlement de Paris ne l'admit
qu'après de longues controverses ; et les tribunaux des
Pays-Bas, ainsi que nous le lisons dans Guyot et Merlin (3), ne le reconnurent jamais.

Les lignagers dans toutes les coutumes pouvaient bien,
cela va sans dire, retraire à ce titre la part de succession
vendue par un de leurs lignagers ; mais ce n'était alors
que le retrait lignager qu'ils exerçaient, et non point le
retrait successoral, qui, dans les lieux où on l'admettait,
était accordé à tous les cohéritiers sans distinction. Le
retrait successoral n'avait point, en effet, pour but prin-

(1) Marcadé, art. 841, p. 271.
(2) L. 22, 23, C. J., lib. IV, tit. 35, *mandati.*
(3) Répertoire, v° *Retrait de cohéritier.*

cipal, comme le retrait lignager, de conserver les biens dans les familles d'où ces biens étaient primitivement advenus. Il avait pour but unique, comme l'indiquait l'orateur du Gouvernement dans son exposé des motifs sur le titre *des Successions*, de protéger les familles contre l'indiscrétion des étrangers qui voudraient pénétrer leurs secrets, et contre la cupidité avide des acheteurs de droits successifs. De ces deux importantes considérations, la première certainement est celle qui présente le plus grand intérêt : car s'il est naturel que les cohéritiers cherchent à garder toujours soigneusement cachés certains secrets de famille, il est plus juste encore qu'ils ne soient pas entravés dans des opérations de partage, souvent fort difficiles et fort compliquées, par l'immixtion de spéculateurs étrangers, qui ne sauraient engendrer que des troubles et semer la désunion.

Ces préliminaires posés, nous allons rechercher: 1° par qui et contre qui le retrait successoral peut être exercé; 2° les délais, les conditions et les formes de ce retrait ; 3° les effets de la demande en retrait, et du retrait lui-même ; 4° nous examinerons si le retrait autorisé par l'article 841, Cod. civ., peut être exercé aussi par des associés ou des communiers.

SECTION PREMIÈRE.

PAR QUI ET CONTRE QUI LE RETRAIT SUCCESSORAL PEUT-IL ÊTRE EXERCÉ ?

La réponse à cette première question, qui est la plus importante de notre sujet, se trouve dans l'article 841 du

Code civil, ainsi conçu : « Toute personne, même parente
du défunt, qui n'est pas son successible, et à laquelle
un cohéritier aurait cédé son droit à la succession, peut
être écartée du partage, soit par tous les cohéritiers, soit
par un seul, en lui remboursant le prix de la cession. »
Ainsi, d'après ce texte, qui peut-on écarter de la succession ? Toute personne, même parente du défunt, qui n'est
pas son *successible*. Par qui peut-on être écarté? Par tous
les cohéritiers ou par un seul. La question de savoir, d'une
part, quels sont les retrayants, d'autre part quels sont les
retrayés, si l'on veut bien nous passer ce mot, repose
donc uniquement sur le sens que le Code a attaché aux
expressions de *successible* et de *cohéritier*.

Le but primordial de la loi est, ainsi que nous l'avons
déjà dit, d'écarter du partage les spéculateurs étrangers,
à raison du trouble qu'ils y apporteraient : toutes personnes qui ne viennent pas au partage *proprio jure*, et qui
n'ont pour s'y présenter d'autres titres que la cession,
voilà bien ceux que la loi repousse, parce qu'ils ne sont
pas des *successibles*.

Qui écarte ces personnes ? Tout *cohéritier*, dit la loi,
c'est-à-dire toute personne qui se trouve appelée directement, soit en vertu de la loi, soit en vertu du testament,
à prendre part au partage, qui est intéressée à ce que ce
partage ne soit pas compliqué, qui est, *proprio jure*, successible et copartageant.

Nous avons dit : toute personne qui est successible :
c'est bien en effet la personne qui est successible qui écar-
tera celle qui ne l'est pas, et les cohéritiers, auxquels le
Code donne l'action du retrait, sont tous ceux qui ne se
trouvent pas dans le cas d'être renvoyés de la succession
comme non successibles.

Ces principes posés, voyons plus en détail par qui et contre qui le retrait successoral peut être exercé, autrement dit, qui l'on doit comprendre sous cette dénomination de *cohéritier* ? C'est là que gît toute la difficulté.

Cette expression désigne d'abord avec évidence tous les cohéritiers légitimes appelés à une quotité du patrimoine du défunt, soit qu'ils viennent de leur chef, soit qu'ils ne viennent que par représentation. Il importe peu aussi que ces héritiers aient accepté la succession purement et simplement ou qu'ils ne l'aient acceptée que sous bénéfice d'inventaire (1). L'héritier bénéficiaire jouit de tous les avantages dont jouit l'héritier pur et simple ; il est moins exposé que lui et a plus de formalités à remplir, mais l'étendue de ses droits n'est pas moindre. Le cessionnaire ne pourrait donc se soustraire au retrait exercé par l'héritier bénéficiaire, en alléguant que la confection de l'inventaire a dû nécessairement amener la divulgation des secrets de famille. Cela d'abord n'est pas exact : l'inventaire, en effet, quoiqu'il doive être fait par un notaire, n'est point par cela même connu du public ; il ne l'est régulièrement que des personnes qui ont eu le droit d'assister à sa confection, et le retrait a précisément pour objet d'écarter le cessionnaire de la confection de l'inventaire, ou bien de sa connaissance, si la cession n'a eu lieu qu'après l'inventaire fait. Le retrait successoral d'ailleurs, on l'a dit, n'a pas seulement pour but de protéger les secrets des familles ; il a aussi pour but de faciliter les par-

(1) Toullier, IV, 437 ; Chabot sur l'article 841, n. 13 ; Duranton VII, 185 ; Vazeille, *des Successions*, art. 841, n. 12 ; Bordeaux, 10 mars 1832 ; Limoges, 13 juillet 1844 ; Aubry et Rau, t. III, p. 325. — *Contrà*, Benoît, *du Retrait successoral*, n. 10.

tages en empêchant des étrangers de s'y immiscer ; et cette raison s'applique aussi bien aux hérédités bénéficiaires qu'à celles qui ont été acceptées purement et simplement.

Le retrait successoral peut aussi être exercé sans difficulté par l'enfant adoptif. L'enfant adoptif est très-certainement un héritier légitime, puisque l'article 348 du Code civil dispose formellement qu'il a sur la succession de l'adoptant *les mêmes droits* que ceux des enfants nés en mariage, même quand il y a des enfants de cette dernière qualité nés depuis l'adoption.

C'est la loi aussi qui, dans l'art. 747 du Code civil, appelle les ascendants donateurs à la succession des biens par eux donnés à leurs enfants décédés sans postérité, et nous nous demandons si l'ascendant qui ne vient à la succession qu'à ce titre peut ou non exercer le retrait. La question est assez délicate. Pour la négative, on peut dire : « L'ascendant donateur est successible, il est vrai, mais quant aux biens par lui donnés seulement ; le droit limité qu'il a sur ces biens ne doit pas lui permettre d'acquérir, par la voie de cession, une quotité de la masse héréditaire, puisqu'il est de la nature d'un droit limité de ne pouvoir s'étendre. » Si l'on considère cependant que le droit conféré à l'ascendant donateur par l'article 747 Cod. civ. est un véritable droit de succession, qui oblige l'ascendant à contribuer aux dettes en proportion des biens qu'il recueille, on doit reconnaître qu'il a, par cela même, intérêt à écarter du partage tout étranger qui pourrait, en le retardant par ses tracasseries, rendre son droit de succession anomale moins utile et moins fructueux, les frais de partage devant, comme les dettes, se prélever sur la masse, et grevant par conséquent l'ascendant donateur comme les autres héritiers.

Ce que nous disons de l'ascendant donateur naturel, nous le disons par la même raison, de l'ascendant donateur adoptif, les droits accordés par les articles 351 et 352 du Code civil aux père et mère adoptifs, sur les biens par eux donnés à leurs enfants, étant absolument de la même nature que ceux accordés aux ascendants légitimes par l'art. 747.

Mais que décider à l'égard des successeurs irréguliers; des enfants naturels d'abord, puis après, du père et de la mère de l'enfant reconnu qui viennent simultanément à sa succession, et encore, des frères et sœurs soit légitimes, soit naturels, du bâtard, qui sont appelés à sa succession de la manière indiquée dans l'art. 766 du Code civil ? La difficulté vient de ce que la loi ne donne à aucun de ces successeurs le nom. *d'héritiers*, et qu'elle refuse même formellement, dans l'article 756, ce titre aux enfants naturels. Ces successeurs ont cependant autant d'intérêt que les héritiers proprement dits, à écarter les étrangers du partage, et l'esprit de la loi milite par conséquent pour eux. Pour ce qui concerne les enfants adultérins ou incestueux, ils ne sont pas aptes à exercer le retrait successoral, la loi ne leur accordant aucun droit de successibilité, mais simplement des aliments, aux termes de l'art. 762 du Code civil (1).

Nous n'avons jusqu'ici examiné la question que pour les successeurs *ab intestat*. Le retrait successoral peut-il être exercé aussi par les successeurs testamentaires ?

(1) Cass. 15 mars 1831 ; Merlin, Répert. V° *Droits successifs*, n° 0 ; Chabot, art. 841, n° 13; Toullier et Duvergier, t. II, n° 441 ; Benoît, n° 9 ; Duranton, t. VII, n° 186 ; Demante, t. III, n° 171 *bis*; Aubry et Rau, 3° édit. p. 325 du t. III; Demolombe, t. IV, n° 18 et 30.

Nulle difficulté d'abord pour les héritiers institués. Ils peuvent évidemment exercer le retrait, puisque l'art. 841 du Code civil, leur est applicable à la fois dans son texte et dans son esprit. Quant aux légataires universels, ce ne sont pas proprement des héritiers, si l'on veut. Mais l'art. 1002 du Code civil disant expressément que les dispositions testamentaires universelles produisent le même effet, soit qu'elles aient été faites sous la dénomination d'*héritier*, soit qu'elles aient été faites sous la dénomination de *legs*, il faut en conclure indubitablement que les légataires universels peuvent exercer le retrait aussi bien que les héritiers institués.

La question est plus difficile à l'égard des légataires à titre universel, parce qu'ils n'ont pas été appelés même éventuellement, comme le sont deux légataires universels institués conjointement, à la totalité du patrimoine; et leur legs, quoi qu'il arrive, n'est pas susceptible d'accroissement. Mais cette différence juridique, à d'autres égards très-considérable, n'a aucune importance ici. Les légataires à titre universel ont, en effet, autant d'intérêt que les légataires universels ou les successeurs irréguliers, à ce que des résistances calculées, ou des tracasseries d'un étranger, ne puissent pas retarder le partage, ni rendre leur part moins avantageuse par le prélèvement de frais de justice qu'un partage amiable rend inutiles. Ils peuvent donc exercer le retrait (1).

(1. V. *Cass.* Req. 16 juillet 1861, et la note qui accompagne l'arrêt; Toullier t. IV, n° 441; Chabot, *successions*, sur l'art. 841, n° 6 et 14; Duranton, t. VII, n° 186 et 100; Benoît, *retrait success.*, n° 6 et 7; Marcadé, sur l'art 841, n° 3; Demante, Cours analytique, t. III, n° 171 *bis*; Toullier, t. III, p. 207; Aubry et Rau, 3° édit., t. III, p. 325, § 350 *ter*; Massé et Vergé sur Zachariæ, t. II, p. 437, note 11, sur le § 4 et 7; Mourlon, *rép. écrites*, 2° exam., p. 143 et 144; Demolombe, *traité des success*, t. IV, n° 30 et 40.

Ce que nous venons de dire des légataires universels ou
à titre universel de la propriété, nous semble même
devoir être étendu aux légataires universels ou à titre
universel de l'usufruit. Les légataires, même universels,
d'usufruit, ne peuvent jamais être, nous le reconnaissons
parfaitement, des successeurs *in universum jus*, jamais
ils ne peuvent recueillir l'hérédité toute entière, jamais
ils ne peuvent avoir la saisine, et ils doivent toujours
obtenir la délivrance des héritiers légitimes ou testamentaires. Mais ces différences n'empêchent pas qu'ils ont
intérêt, comme les légataires de la nue propriété, à ce que
le partage de la succession soit réglé d'une manière aussi
prompte et aussi économique que possible. L'esprit de la
loi milite donc aussi certainement pour eux, et la Cour
de cassation, par un arrêt notable du 10 juillet 1801, les
a, en effet, déclarés aptes à exercer le retrait (1).

Au contraire, les donataires ou légataires à titre particulier, ne peuvent jamais exercer le retrait, parce qu'ils
n'ont pas besoin pour obtenir la délivrance de leur legs que
le partage soit fait, et que les frais de ce partage ne pouvant jamais être mis à leur charge, ne peuvent jamais,
par conséquent, atténuer l'étendue de leur droit.

Si un héritier ou successeur meurt avant le partage, il
est évident qu'il transmet tous ses droits, et par conséquent
le droit de retrait successoral, à ses héritiers.

Mais si tous les héritiers se taisent, les créanciers de
quelqu'un d'entre eux peut-il, au nom de son débiteur,
exercer le retrait? C'est un point délicat.

(1) Conf., Pau, 14 février 1800; Proudhon, t. IV, *de l'usufruit*, n° 2077; Duranton,
t. VII, n° 102; Duvergier sur Toullier, t. II, n° 111, note 1; Aubry et Rau,
t. III, p. 321; Demolombe, t. IV, n° 31 bis.

Pour l'affirmative, on peut dire que le droit d'exercer
le retrait fait partie de l'avoir de chaque cohéritier,
qu'aucune loi ne déclare expressément que ce droit soit de
ceux qui sont exclusivement attachés à la personne, et que
les créanciers pour ce motif ne peuvent exercer.

Mais pour la négative, on peut répondre et avec plus
d'exactitude selon nous, que l'intention de la loi a été
certainement que ce droit restât exclusivement attaché à
la personne. Le créancier particulier d'un héritier, en effet,
est aussi étranger à la succession qu'un cessionnaire, et
l'autoriser à exercer le retrait, ce serait substituer un
étranger à un autre, ou même souvent une nuée d'étrangers à un seul, puisque tous les créanciers, en si grand
nombre qu'ils fussent, auraient le même droit (1).

Que dire de l'héritier qui a renoncé à la succession ?
Peut-il exercer le retrait ? évidemment non, puisqu'il
cesse d'être héritier. Il ne le pourrait donc qu'autant qu'il
ferait au préalable annuler sa renonciation (2).

En est-il de même de l'héritier qui a cédé son droit,
s'il se fait consentir une rétrocession par le cessionnaire ? Nous ne le pensons pas : en vendant ses droits, il
a par là même fait acte d'héritier, et cette qualité est devenue dès lors indélébile. Cela étant, il ne cause aucun
préjudice à ses cohéritiers, en venant reprendre la place
qu'il occupait auprès d'eux primitivement. Pothier décidait formellement la question en ce sens, pour le retrait

(1) Cass. 28 juin 1836; Proudhon, de l'usufruit, t. v, n° 2315; Zachariæ,
Aubry et Rau, t. III, p. 82 et 325, 3e édit.; Massé et Vergé, t. IV, p. 337;
Demolombe, t. IV, n° 60.
(2) Cass. 2 décembre 1830; Chabot, art. 841, n° 5; Marcadé, art. 841, n° 2;
Aubry et Rau, t. III, p. 321; Demolombe, t. IV, n° 25.

lignager. « Le droit de retrait, disait-il (1), auquel avait
» donné ouverture la vente d'un héritage propre faite à un
» étranger, s'éteint lorsque avant aucune demande en
» retrait lignager, cet héritage est retourné dans la famille
» soit qu'il ait retourné au vendeur, soit qu'il ait passé à
» quelqu'un de la famille, n'importe à qui. » La même
solution nous semble devoir être appliquée par analogie
au retrait successoral.

Lorsque la succession, aux termes de l'article 733 du
Code civil, se divise entre les parents de la ligne pater-
nelle, et les parents de la ligne maternelle, un successible
d'une ligne peut-il exercer le retrait contre le cessionnaire de l'autre ligne ? Il nous semble qu'il faut distinguer.
Si la cession est antérieure au partage de la succession
totale entre les deux lignes, les cohéritiers de chaque
ligne pourront exercer le retrait. Il n'existe en effet alors
qu'une seule et même succession, et tous les parents qui
y sont appelés sont cohéritiers et cosuccessibles. Au contraire, lorsque la cession est faite postérieurement à un
premier partage entre les deux lignes, une ligne n'est plus
cosuccessible avec l'autre ; il existe, pour ainsi dire, deux
successions séparées, et les cohéritiers de la ligne du cédant
peuvent seuls, par conséquent, exercer le retrait, les héritiers de l'autre ligne n'y ayant plus d'intérêt (2).

(1) Traité des retraits, § 175.
(2) Conf, Toullier, t. II, n° 444; Vazeille, art. 841, n° 24; Demante, t. III,
n° 171 bis, II; Mourlon, rép. écrit., t. II, p. 113; Demolombe, t. IV, n° 34
et 54.

§ II. — *Contre qui le retrait successoral peut-il être exercé?*

Nous avons commencé par dire, au début de cette section, que les personnes aptes à exercer le retrait, ne peuvent l'exercer que contre des étrangers à la succession, c'est-à-dire contre des personnes qui ne pourraient pas exercer le retrait elles-mêmes.

Pour éviter des redites qui seraient aussi fastidieuses qu'inutiles, nous commençons donc par décider que le retrait ne peut jamais être exercé contre aucune des personnes qui, d'après ce que nous avons dit dans le paragraphe précédent, ont intérêt activement ou passivement, c'est-à-dire pour le règlement des dettes ou pour la division de l'actif, à ce que le partage soit fait aussi promptement et aussi économiquement que possible.

Mais le cessionnaire, serait-il complètement étranger à la succession, n'est pas toujours soumis au retrait. Autrement dit, toute cession ne peut donner lieu au retrait successoral. Il faut pour qu'elle y soit soumise, qu'elle réunisse deux conditions : 1° Étant faite par un cohéritier, il faut qu'elle ait pour objet un droit sur l'ensemble de la succession : 2° Il faut qu'elle ait été faite à titre onéreux.

I. Le droit d'un cohéritier à la succession est son droit actif et passif dans l'universalité héréditaire; et ce droit implique celui de concourir au partage de l'actif et au règlement des dettes, et d'en écarter tout étranger.

Il n'y a point évidemment à rechercher si la succession est mobilière ou immobilière, ou si elle est l'une et l'autre à la fois. Le mot Succession, dit Chabot (1), est énergique et ne comporte aucune distinction de ce genre, que les motifs de la loi repoussent également. Quelle que soit donc la nature des biens à partager, si le cessionnaire a acquis tous les droits du cédant, le retrait successoral ne pourra souffrir aucune difficulté.

Mais si la cession n'a été faite que pour une quote-part de la portion héréditaire, sera-t-elle passible du retrait? Dira-t-on que cette cession n'est pas celle dont la loi a voulu parler, que les mots de l'article 841 *son droit à la succession*, impliquent l'idée d'une cession universelle, embrassant le droit entier du cédant? Ce serait méconnaître l'esprit de la loi. Il est évident que le cessionnaire d'une quote-part de la portion héréditaire de l'un des cohéritiers aurait le droit de se présenter au partage, et le but de la loi est précisément de l'écarter. Il est non moins évident, que n'admettre le retrait successoral que lorsque le cédant aurait tout cédé, ce serait soustraire toutes les cessions au retrait. Pour mettre son cessionnaire à l'abri de l'article 841, le cédant n'aurait en effet qu'à garder une fraction quelconque, la plus minime, de son droit, ou bien il pourrait morceler son droit entre plusieurs cessionnaires, et immiscer ainsi plusieurs étrangers dans les opérations du partage, alors que la loi a précisément eu en vue de les écarter et de ne pas y en souffrir un seul : c'est un résultat inadmissible (2).

Si, au contraire, un cohéritier ne cède un objet de la suc-

(1) Chabot, art. 841 n° 8.
(2) Demolombe, t. IV, n° 80; Merlin, Rép., V° droits successifs; Toullier, t. II, n° 447; Marcadé, art. 841, n° 2; Demante, t. III, 171 *bis* I, Aubry et Rau, t. III, p. 343; Massé et Vergé, t. IV, p. 339.

cession que pour le cas où cet objet ne tombera pas dans
son lot, il ne peut y avoir lieu au retrait, puisque le cessionnaire, alors, n'a d'autre droit que celui d'assister au
partage, pour s'assurer que tout s'y passe loyalement.

II. Il faut, en second lieu, avons-nous dit, pour que le
retrait puisse être exercé, que la cession ait été faite à titre
onéreux. En effet, disait Pothier (1), « Puisque le retrait
» est le droit de prendre le marché d'un autre, la donation
» qui n'est pas un marché n'en peut être susceptible. » Les
mots de *cédé* et de *cession*, employés par notre article, ne
s'appliquent pas à une libéralité, et la disposition finale, qui
oblige le retrayant à rembourser le prix, est assez explicite.

D'ailleurs, le but de la loi est de mettre les opérations
du partage, à l'abri des hommes qui font métier de chercher dans les chicanes et les tracasseries des causes d'en-
richissement, considération évidemment inapplicable à des
légataires et donataires. La qualité de cessionnaire à titre
gratuit peut seulement masquer souvent une cession à
titre onéreux, et les cohéritiers seraient certainement admis-
sibles à prouver cette fraude par toute sortes de preuves,
même par des présomptions simples, que l'art. 1353 du Code
civil autorise contre tous les actes faits en fraude de la loi.

Une cession de droits successifs peut aussi avoir été
déguisée sous la forme d'un mandat, ou bien encore le prix
véritable de la cession pourrait avoir été exagéré, à l'effet
de décourager tout essai de rachat : autant de fraudes qui
peuvent être prouvées par tous les moyens, même, avons-
nous dit, par de présomptions simples, livrées complétement
à l'appréciation des juges.

(1) Des retraits, n° 101. V. aussi des flefs, part. II, ch. II, art. II, sect. I.

Le mot *prix*, employé dans l'art. 841, doit, du reste, être pris dans son acception la plus large. La loi n'a entendu, en effet, mettre à l'abri du retrait que les acquéreurs à titre gratuit. Si donc la cession a été faite à titre onéreux, sous quelque forme qu'elle ait été faite, sous forme d'échange, de constitution de rente, ou toute autre, le retrait pourra avoir lieu. Le prix de la cession consiste alors dans les obligations qu'a contractées le cessionnaire vis-à-vis du cédant.

SECTION II.

DES DÉLAIS, DES CONDITIONS ET DES FORMES DU RETRAIT.

§ 1. — *Du Délai de l'action.*

La loi n'a fixé aucun délai pour l'exercice du retrait successoral. Nous pensons donc que tant que le partage n'est pas fini, le retrait peut toujours être exercé soit par voie d'exception, soit par voie d'action, tant que les héritiers ou successibles ayant le droit de l'exercer, ne s'y sont point rendus irrecevables. Il ne faut donc pas que les cohéritiers approuvent le transport ou la cession: en acceptant dans les opérations du partage la présence du cessionnaire, par cela même ils renonceraient à leur action en subrogation. Cependant, comme Toullier (1) le fait observer, s'ils étaient obligés de concourir avec lui pour des opérations nécessaires, telles qu'un inventaire, une levée de scellés, ils n'auraient pour conserver leur droit qu'à faire des réser-

(1) Toullier, loc. cit. n° 119.

ves. Il est évident, ajoute Toullier, « que la cession posté-
» rieure au partage n'est pas soumise au remboursement.
» Mais s'il y a une demande en rescision ou en nullité de
» partage, l'étranger qui aurait acquis les droits succes-
» sifs de l'un des héritiers depuis cette demande pourrait
» être remboursé, afin de l'écarter tant de la discussion
» que du nouveau partage qui peut être ordonné. »

A plus forte raison, la demande en retrait ne serait plus
recevable, si la cession avait été ratifiée expressément par
les héritiers. Il est clair seulement que les actes de ratifi-
cation ne peuvent être opposés qu'à ceux des héritiers de
qui ils émanent.

§ 2. — Des conditions et des formes du retrait.

Le retrait, n'étant que le droit pour le retrayant de se
substituer au retrayé et de prendre son marché, ne constitue pas un nouveau marché. Le retrayant n'a donc pas à
subir une estimation des droits successifs, si le cessionnaire
la réclamait ; il n'a qu'à payer le prix de la cession, et il
n'a pas à accorder au-delà d'indemnités au retrayé. Celui-
ci savait très-bien qu'il s'exposait au remboursement et n'a
droit, par conséquent, qu'au prix réel qu'il a payé. Il
semble seulement fondé à réclamer, en s'appuyant sur
l'art. 1699 C. civ., les frais relatifs à l'acte même de cession, tels que les honoraires de notaire et les droits d'enre-
gistrement.

Toujours en vertu de ce principe que le cohéritier retrayant occupe la place de l'acquéreur et est censé avoir
traité directement avec le vendeur, c'est au retrayant et non

6

au retrayé que profiteront tous les avantages éventuels qui pourront s'être réalisés dans l'intervalle de la cession au retrait.

Lorsque la cession a eu lieu moyennant un capital en argent ou en choses fongibles, c'est ce capital ou l'équivalent des choses fongibles que le retrayant doit rembourser.

Si c'est moyennant une rente perpétuelle que la cession a été consentie, le retrayant doit rembourser au retrayé les arrérages, déjà payés et se charger du service futur de la rente, s'il n'aime mieux la racheter.

Si le prix de la cession est une rente viagère, le retrayant doit : 1° rembourser au retrayé les arrérages payés par ce dernier; 2° se charger pour l'avenir du service de la rente au lieu et place et à la décharge du retrayé. Dans le cas où le créancier de la rente viagère serait décédé, nous ne sommes pas de l'avis de Pothier, qui voulait que le retrayant fût obligé de rembourser les arrérages, et de plus, nous reproduisons ses termes : « payer la somme à laquelle des » arbitres estimeront que valait, au temps du contrat, la » rente viagère que l'acheteur s'était obligé par ce contrat, » de payer pendant le temps incertain de la vie du ven- » deur. » Nous pensons, au contraire, que le retrayant n'a qu'à rembourser au cessionnaire les arrérages de la rente par lui payés ou dus (1). Toute autre solution est contraire à l'essence du retrait, qui est le droit pour le retrayant de prendre le marché du retrayé, et de se substituer à son lieu et place, en lui remboursant tout ce qu'il a payé. Il semblerait cependant équitable, en ce cas, que le

cessionnaire pût sommer les cohéritiers de son cédant
d'avoir à prendre leur parti dans un délai très-court, que
la justice, au besoin, fixerait, et cela pour ne pas avoir à
subir des chances par trop défavorables.

Si le cessionnaire avait acquis les droits du cédant
moyennant un échange, c'est la valeur de l'objet par lui
donné en échange, qui devrait lui être remboursée.

Il n'est point nécessaire que la demande en retrait soit
accompagnée d'offres réelles : la loi n'exige pas cette condition. C'est aux tribunaux qu'il appartient de décider à
quelle époque et dans quel délai ce remboursement doit
être effectué.

Nous avons dit que le retrait peut être exercé aussi bien
par voie d'exception que par voie d'action. Il le sera naturellement par voie d'exception, si le cessionnaire vient se
présenter dans une instance en partage déjà intentée, et
c'est alors évidemment le tribunal saisi du partage qui devra en connaître. Mais s'il est formé par voie d'action, est-
ce le tribunal de l'ouverture de la succession ou celui du
domicile du cessionnaire qui devra être saisi ? Nous incli-
nons à penser que les deux tribunaux seraient également
compétents, que la matière, autrement dit, est mixte, le
droit de retrait conférant un droit absolu, en quoi l'action
est réelle, mais un droit qui, n'ayant pas un objet précis
et déterminé, se rapproche fort, comme l'action en pétition
d'hérédité, de l'action personnelle.

Le cessionnaire pourrait, avant le retrait, avoir cédé
lui-même son droit, et l'on se demande alors si c'est contre
le premier ou contre le second cessionnaire que l'action doit
être formée. Nous estimons que l'action doit toujours être
formée contre le premier cessionnaire, les conditions de la

rétrocession pouvant n'être pas les mêmes que celles de la
cession primitive, et les retrayants ne devant équitablement
ni profiter, ni souffrir de ces variations.

SECTION III.

DES EFFETS DE LA DEMANDE EN RETRAIT, ET DU RETRAIT LUI-MÊME.

I. Pour la demande en retrait, il se présente d'abord
une question considérable, et l'une des plus importantes
du sujet, c'est celle de savoir si la demande en retrait en
assure immédiatement tout le bénéfice à celui des cohéritiers qui l'a formée, ou si ses cohéritiers pourront partici-
per à ce bénéfice et prétendre que le retrait n'a pu être fait
que dans l'intérêt commun.

Nous ne pouvons pas admettre que la demande en retrait
engendre, dès le moment où elle est formée, un droit de
préférence pour le retrayant vis-à-vis de ses cohéritiers.
L'égalité, dit-on, est l'âme des partages; on peut dire
d'une manière plus générale que l'égalité de droits est le
principe entre cohéritiers. Le bénéfice du retrait ne doit
pas être, pour ainsi parler, le prix de la course. Les cohéritiers présents dans le lieu où la cession s'est faite, auraient alors toujours sur les héritiers absents ou éloignés
un avantage considérable, dont on ne saurait donner aucune
raison plausible.

La demande en retrait ne peut donc, ce nous semble,
conférer un droit exclusif au retrayant que dans deux cas,

savoir : 1º quand, avant même tout jugement, le cessionnaire a accepté son remboursement du retrayant, la situation alors devenant la même que si ce retrayant avait
traité directement avec le cohéritier qui avait fait la cession, et il n'y a jamais lieu à retrait de la part d'un successible contre un autre, puisque les motifs qui ont fait
établir le retrait successoral cessent alors complétement
d'exister. 2º S'il n'y a aucune adhésion à la demande en
retrait de la part du cessionnaire, les cohéritiers du retrayant pourront s'associer à la demande en retrait pour
en partager le bénéfice, tant que l'instance sera pendante.
Mais nous n'admettons pas qu'ils puissent s'approprier le
bénéfice d'un jugement prononcé au profit du retrayant
seul, dès que ce jugement a acquis vis-à-vis du cessionnaire l'autorité de la chose jugée.

II. Quand le retrait a été opéré, quelles en sont les
conséquences?

Il est évident d'abord que si le cessionnaire avait retiré
quelque avantage de la cession, s'il avait reçu, par exemple, la part qui revenait à son cédant dans une créance de
la succession, ou s'il s'était mis en possession, à l'insu ou
contre le gré du retrayant, de quelque bien de la succession, il devrait faire compte au retrayant de tout ce qu'il
aurait reçu, pris ou recueilli.

Le retrait entraîne encore cette conséquence évidente,
que tous les droits consentis à des tiers par le cessionnaire,
tels que concessions de servitudes ou d'hypothèques, crou-
lent nécessairement par l'application de la formule : *Reso-
luto jure dantis, resolvitur jus accipientis*

Mais que faut-il décider pour les rapports du cessionnaire avec son cédant, si le marché n'avait pas été exécuté et le prix soldé ? Le cessionnaire est-il, par l'effet du retrait, exonéré *ipso facto* des obligations qu'il avait contractées vis-à-vis de son cédant ? Il serait certainement beaucoup plus commode pour lui qu'il en fût ainsi. Mais il n'est pas possible d'admettre cette conséquence. Ce cas diffère complétement du cas où l'on vend un droit qui ne vous appartenait pas ; l'obligation du vendeur de garantir alors l'acquéreur de toute éviction empêche, à plus forte raison, le vendeur de rien demander à son acquéreur.

Mais un cohéritier qui cède son droit à la succession est dans une toute autre situation. Ce qu'il a cédé lui appartenait véritablement. Il ne peut donc être garant vis-à-vis de son cessionnaire, d'un fait qui lui est complétement étranger, et dont il ne peut dès-lors être responsable. Son action contre son cessionnaire subsiste donc toujours, sauf le recours du cessionnaire contre le retrayant, qui, en prenant sa place, s'est obligé par cela même à le rendre indemne. Mais si, depuis le retrait opéré, le retrayant était devenu insolvable, la perte résultant de cette insolvabilité serait pour le cessionnaire et non pour le cédant. Le cessionnaire ne peut éviter les conséquences fâcheuses d'une pareille situation, qu'en stipulant expressément dans l'acte de cession qu'au cas de retrait toutes ses obligations vis-à-vis de son cédant seront résolues.

SECTION IV.

Nous avons déjà dit que, dans l'ancien Droit coutumier, on admettait généralement tous les copropriétaires par indivis, quelle que fût l'origine de leur copropriété, à exercer le retrait des parts aliénées par leurs copropriétaires. C'est le retrait qu'on appelait dans certaines coutumes, retrait d'*indivision*, dans d'autres, retrait de *frareuscté*. Le Code civil a-t-il entendu maintenir ce droit aux communiers ou coassociés?

La difficulté vient du rapprochement des art. 841 et 1872 du Code civil. L'art. 841, qui consacre le retrait successoral est, en effet, placé au *titre des successions*, et dans le chap. VI, qui traite du partage. Or, l'art. 1872 du Code civil porte: « Les règles concernant *le partage des successions*, la forme de ce partage, et les obligations qui en résultent entre les cohéritiers s'appliquent aux partages entre associés. »

On ne saurait disconvenir que le renvoi que fait cet article aux règles concernant le *partage des successions* ne paraisse d'abord bien général. Mais la suite de l'article où il n'est plus question que des *formes* du partage, et des obligations qui en résultent *entre les cohéritiers*, semble précisément avoir été écrit en vue de restreindre ce que les premiers mots de l'article avaient de trop général, et l'esprit de nos lois nouvelles, peu favorables aux retraits, ne peut laisser aucun doute sur cette solution. Il existe,

du reste, sur cette question importante, une dissertation
étendue et remarquable de M. Valimesnil, dans la *Revue
de législation* (1), à laquelle nous renvoyons, parce que la
question y est traitée d'une manière complète, et résolue
dans le sens que nous adoptons, par des arguments irré-
sistibles.

CHAPITRE III.

Du retrait d'indivision.

NOTIONS GÉNÉRALES.

La loi romaine forçait le mari adjudicataire d'un immeuble indivis entre sa femme et un tiers, à restituer à la femme
l'immeuble tout entier, sans que celle-ci, de son côté, pût
s'y opposer pour se soustraire à l'obligation de restituer au
mari le prix qu'il aurait payé. La loi 78, D. § 4, *de Jure
dotium*, était formelle sur ce point (2).

Cette loi, par la présomption tacite d'un mandat de la
femme, avait pour but d'empêcher que le mari ne s'attribuât
le bénéfice d'une acquisition profitable : mais cet avantage

---

(1) Revue de législation, 1836, t. III, série 1, p. 432.

(2) *Si fundus communis in dotem datus erit et socius egerit cum marito com-
muni, dividundo, adjudicatus que fundus socio fuerit, in dote erit quantitas
qua socius marito damnatus fuerit...; quod si marito fundus fuerit, adjudicatus pan utique data in dotem dotalis manebit, divortio autem facta, sequetur
restitutionem propter quam ad maritum pervenit etiam altera portio, scilicet
ut recipiat tantum pretii nomine à muliere quantum dedit ex condemnatione
socio. Nec cui dirt debebit alteruter eam æquitatem recusans, nut mulier in
suscipienda parte altera quoque autori in restituenda.*

se trouvait balancé par de graves inconvénients. Le mari pouvait, soit par collusion, soit par inexpérience, faire un très-mauvais marché, et se rendre adjudicataire à un prix exorbitant; la femme était alors forcée d'accepter la responsabilité de cette faute, elle ne pouvait répudier le bienfait de la loi, quelque funeste qu'il fût.

Le remède à cet inconvient commença à être entrevu sous notre ancienne jurisprudence, et l'on admit, tout en consacrant le principe que l'acquisition faite par le mari profitait à la femme, que celle-ci pouvait refuser la propriété, quand elle jugeait que l'opération n'était pas avantageuse.

Le retrait d'indivision ou retrait de communauté actuel a aussi de l'affinité avec le retrait de mi-denier qui existait dans notre Droit coutumier. Pothier (1) nous a légué une théorie complète sur ce retrait, dont nous allons dire quelques mots.

« Lorsque deux conjoints par mariage et communs en » biens dont l'un était lignager du vendeur, l'autre étran- » ger, ont acheté durant la communauté un héritage pro- » pre du vendeur, les coutumes de Paris, art. 188, et » celle d'Orléans, art. 581, accordaient, après la dissolu- » tion du mariage, au conjoint lignager, ou à ses héritiers » lignagers, et, à leur refus, aux autres lignagers, le re- » trait de la moitié du conjoint étranger, ou de ses héri- » tiers étrangers, à la charge de rembourser la moitié tant » du prix que des loyaux coûts et mises. » Tel était le retrait de mi-denier, suivant le Droit commun.

En Normandie, on désignait par retrait de mi-denier la

(1) Pothier, Traité des Retraits, n° 188 et suiv.

faculté accordée au mari par l'article 332 de cette coutume de retirer la part des conquêts ayant appartenu en propriété à sa femme, en rendant le prix de ce qu'elle avait coûté.

En Bretagne en particulier, trois sortes de retraits de mi-denier étaient connus (1) : Celui qui dans le cas d'une acquisition faite en communauté, s'exerçait par un conjoint ou ses héritiers contre l'autre conjoint ou ses représentants. Celui qui avait lieu contre l'héritier des acquêts de la part des héritiers des propres dans la ligne duquel le défunt avait acheté un bien quelconque. Enfin, celui qui pouvait être exercé par le même contre les mêmes dans le cas d'une acquisition que le défunt avait faite par la voie du retrait lignager.

Le premier de ces retraits était le seul qui fut consacré expressément par la coutume de Bretagne dans son article 310. Les deux derniers n'étaient fondés que sur la jurisprudence de la province, et, en particulier, sur celle du Parlement de Rennes. Ceux-ci étaient ignorés dans les autres parties de la France, tandis que le retrait autorisé par l'art. 310 de la coutume était conforme au Droit commun des pays coutumiers.

Le retrait de mi-denier, admis par le Droit commun, est le seul qui eût du rapport avec le retrait d'indivision admis par le Code civil, mais ils se distinguent l'un de l'autre par un caractère essentiel. Le retrait de mi-denier n'était, en effet, qu'une sorte d'extension et de conséquence du retrait lignager, puisqu'il ne pouvait être exercé qu'à l'égard des héritages advenus d'un lignager de quelqu'un des époux :

(1) Répert. Guyot et Merlin, v. Retrait.

aussi était-il réciproque, c'est-à-dire que le mari avait à
cet égard, absolument autant de droit que la femme. Au
contraire, le retrait d'indivision admis par le Code civil
n'est point fondé sur la provenance du bien acquis, puisque depuis le Code civil la loi française ne se préoccupe
plus de l'origine des biens. Il n'est fondé que sur la protection large et complète que le mari doit toujours à sa
femme commune en biens, dont il doit préférer les intérêts
aux siens propres; aussi ce retrait n'existe-t-il qu'au profit de la femme ou de ses héritiers.

L'art. 1408 du Code civil porte en effet : « L'acquisition
» faite pendant le mariage à titre de licitation ou autre-
» ment, de portion d'un immeuble dont l'un des époux
» était propriétaire indivis, ne forme point un conquêt,
» sauf à indemniser la communauté de la somme qu'elle a
» fournie pour cette acquisition. Dans le cas où le mari
» deviendrait, seul et en son nom personnel, acquéreur ou
» adjudicataire de portion ou de la totalité d'un immeu-
» ble appartenant par indivis à la femme, celle-ci, lors de
» la dissolution de la communauté, a le choix ou d'aban-
» donner l'effet à la communauté, laquelle devient alors
» débitrice envers la femme de la portion appartenant à
» celle-ci dans le prix, ou de retirer l'immeuble en rem-
» boursant à la communauté le prix de l'acquisition. »

La première disposition de cet article s'applique au propre du mari comme à celui de la femme, et oblige le mari à
garder pour son compte personnel l'immeuble dont il avait
une quote-part, quoi qu'il arrive, tandis que la seconde
disposition laisse à la femme un droit d'option, qui lui appartient toujours quand même le mari aurait expressément
déclaré n'acheter que pour son propre compte, serait-ce à

titre de remploi ; et c'est précisément ce droit d'option qui constitue pour la femme un retrait, puisque le caractère essentiel d'un retrait est de s'approprier ou de ne pas s'approprier, comme on le juge à propos, un marché fait par un vendeur avec une autre personne que le retrayant.

Pour expliquer cette matière intéressante, nous allons voir : 1° Dans quelles circonstances le retrait peut être exercé ? 2° A qui le droit d'option appartient ? 3° A quelle époque l'option peut être faite ? 4° Les effets de ce retrait ; 5° A quels régimes s'appliquent les dispositions de l'art. 1408.

Ce sera le sujet d'autant de paragraphes.

§. I. — Dans quelles circonstances le retrait peut-il être exercé ?

Pour que le retrait de communauté puisse être exercé, il faut : 1° que l'acquisition n'ait pas été faite pour le compte personnel de la femme ; 2° qu'elle ait été à titre onéreux, et 3° qu'elle ait porté sur un immeuble indivis avec la femme.

1° Aux termes de l'article 1408 2°, il faut, pour que le retrait puisse être exercé, que le mari devienne seul et en son nom personnel, adjudicataire de l'immeuble. Cette condition se justifie d'elle-même. Si, en effet, la femme était intervenue volontairement et comme partie principale au contrat, ou si le mari avait acheté au nom de sa femme et en vertu de sa procuration, il ne pourrait plus y avoir lieu à l'option, lors de la dissolution de la communauté, car la femme aurait, dès le principe, prouvé par un concours aussi actif, que l'acquisition était faite principalement dans son intérêt.

L'acquisition est censée faite par le mari seul et en son nom personnel, même lorsqu'il a agi comme chef de la communauté ; et il ne suffirait pas pour que la femme fût déchue de son droit d'option, que le mari déclarât agir de la part de celle-ci ; il faut un mandat exprès de la femme, sans quoi le mari pourrait trop facilement éluder l'art. 1408.

Mais si la femme a manifesté librement la volonté de faire l'acquisition exclusivement pour son compte, elle n'est plus recevable à exercer son droit d'option, parce qu'il est alors parfaitement clair qu'il n'y a eu de la part du mari aucune pression ni aucune fraude.

Au contraire, le droit d'option serait conservé à la femme, si elle n'avait concouru que par sa présence muette à l'adjudication ou à l'achat de l'immeuble ; car il pourrait être permis alors de supposer qu'elle a agi uniquement par l'influence de son mari, et sans comprendre que l'affaire dût profiter exclusivement à celui-ci (1).

2° L'acquisition non-seulement doit être faite par le mari et en son nom personnel, mais encore elle doit l'être à titre onéreux.

La femme, en effet, doit restituer le montant du prix de l'acquisition à la communauté ; mais quel prix pourrait-elle restituer à la communauté en cas de retrait, si l'acquisition avait eu lieu à titre gratuit ? De plus, on ne peut craindre dans le cas d'acquisition à titre gratuit, que le mari se rende adjudicataire pour attribuer à sa femme des

(1) MM. Duranton, tome xiv, n° 205 ; Troplong, n°° 667, 668 ; Marcadé sur l'art. 1408, n° 3 ; Aubry et Rau, 3° édit., p. 266 ; Rodière et Pont, cont. de mariage, 2° édit., n° 629.

biens de peu de valeur, à un prix exorbitant, ou pour
chercher à profiter, à son détriment, d'une acquisition
avantageuse. La disposition de l'art. 1408 n'est donc pas
applicable, si le mari est devenu propriétaire par l'effet
d'un legs ou d'une donation à lui faite par les copropriétaires de sa femme (1).

3° L'acquisition doit porter sur tout ou partie d'un immeuble déterminé. La loi 78, D., *de jure dotium*, se servait
du mot *fundus*; l'article 1408 du Code civil emploie celui
d'*immeuble*, qui en est la traduction littérale. Il a donc
évidemment entendu restreindre le droit d'option au cas où
l'acquisition porte sur un immeuble déterminé. Mais nous
admettons, avec la Cour de Montpellier, que le retrait
d'indivision ne peut être exercé par la femme commune qui
n'avait qu'un droit d'usage sur le fonds acquis par le
mari (2). Le retrait d'indivision, en effet, constitue une
exception au principe de la libre circulation des propriétés,
et il ne faut point l'étendre, par conséquent, à d'autres
cas que celui que la loi a prévu.

La difficulté est plus grande pour savoir si l'art. 1408
peut s'appliquer au cas d'une acquisition de droits successifs, dans une succession mobilière ou immobilière à laquelle
la femme serait appelée. Nous adoptons la négative avec la
majorité des auteurs. Appliquer, en effet, la loi à cette
hypothèse, serait créer une disposition nouvelle, d'autant
plus inadmissible que le retrait d'indivision est tout d'exception, et doit être rigoureusement restreint dans les
limites qui lui sont assignées. Le retrait est évidemment

---

(1) *Conf.* Duranton, tome xiv, n° 203; Taulier, t. 5, p. 65; Rodière et Pont ,
2ᵉ édit.,n° 636.
(2) Montpellier , 9 janvier 1854 (Dalloz, 55, 2, 230).

un privilége; or, tout privilége doit par sa nature être restreint dans ses limites : par conséquent, la loi prévoyant
simplement le cas où le mari s'est rendu acquéreur de
portion ou de totalité d'un immeuble, cette disposition ne
saurait être étendue à l'acquisition de droits éventuels et
indéterminés (1).

§ II. — *Par qui le droit d'option peut-il être exercé?*

Le droit d'option conféré par l'article 1408, 2º, n'appartient jamais au mari; l'art. 1408 ne l'accorde qu'à la
femme. Mais on se demande d'abord si la femme peut
exercer le retrait aussi bien dans le cas où elle renonce à la
communauté que dans le cas où elle l'accepte. L'affirmative
ne nous parait pas douteuse, puisque la loi ne fait pas de
distinction, et qu'il y a, de plus, même raison de décider
dans les deux cas.

L'article 1408 n'accorde l'option nommément qu'à la
femme. Il est cependant admis par tous les auteurs que les
héritiers de la femme ont autant de droits que la femme
elle-même, et non-seulement ses héritiers légitimes, mais
encore ses successeurs irréguliers. Nous ne voyons, en
effet, aucune raison d'interdire à ces derniers l'exercice de
ce droit, car l'option, laissée par la loi à la femme, a pour
principe déterminant la position dépendante où elle s'est
trouvée vis-à-vis de son mari, pendant la durée de la

(1) Req. 25 juillet 1844, (Dalloz, 44, 1, 428). Odier, Contrat de mariage,
t. 1, nº 130; Rodière et Pont, 2ᵉ édit., nº 625. V. aussi une note très-étendue
de M. Paul Pont sur un arrêt de la Cour de Douai, du 13 janvier 1852, insérée
au journal du Palais, 1852. t. 2, p. 133.

société conjugale, et les conséquences de cette position doivent, par conséquent, rester les mêmes, quels que soient
les successeurs qu'elle laisse.

Mais le droit d'option peut-il être exercé par les créanciers de la femme ? C'est sur ce point que la doctrine et la
jurisprudence se trouvent en désaccord. La Cour suprême
a déclaré le droit d'option exclusivement personnel à la
femme, en cassant, le 14 juillet 1834, une décision contraire de la Cour de Limoges, du 30 août 1831. La Cour
de Riom, saisie par renvoi de cette affaire, a refusé aussi
l'option aux créanciers, et le pourvoi contre son arrêt, du
11 février 1836, a été rejeté par la Chambre des requêtes
le 8 mai 1837.

Deux opinions sont donc en présence. On dit pour la première. La loi n'admet pas le créancier à exercer les droits
personnels de son débiteur. Les retraits étant des priviléges, doivent être restreints dans leurs limites propres,
et ne doivent être accordés qu'aux personnes au profit
desquelles la loi les a établis expressément. C'est ce qui
avait lieu sous notre ancienne jurisprudence pour le retrait
lignager, et ce qu'on admet généralement encore aujour-
d'hui pour le retrait successoral. La jurisprudence s'est
prononcée en ce sens (1).

Cette doctrine ne nous paraît pas la plus équitable, et
la majorité des auteurs s'est prononcée en faveur des
créanciers. Il ne s'agit pas ici, en effet, d'un droit exclusivement attaché à la personne puisqu'il passe à ses héritiers.
Serait-ce un privilége, en prenant le mot dans le sens

(1) Req. 8 mars 1837, Dalloz, 37, 1, 283 ; conf., Odier, Cont. de mariage,
t. 1, p. 143 ; Troplong, nos 677, 678.

d'un avantage accordé à des personnes dont la position
mérite une protection spéciale, que de priviléges sont, chaque
jour, exercés par les créanciers de la personne en faveur
de laquelle ces priviléges sont établis ! On peut citer
notamment le droit de succession établi par l'article **747**
en faveur de l'ascendant donateur, et l'hypothèque légale
de la femme et du mineur.

Il est vrai que le retrait successoral, nous l'avons
reconnu nous-même (2), constitue, comme le retrait lignager autrefois, un droit exclusivement attaché à la personne
des héritiers, parce qu'il a pour but d'éloigner tout étranger du partage. Mais le retrait d'indivision n'a pas le
même caractère. Il n'est pas composé d'éléments moraux
dont la femme seule puisse être juge, car son but unique
est de garantir celle-ci des suites de l'administration du
mari, et dès lors il est fondé sur un intérêt purement
pécuniaire. D'ailleurs les créanciers des héritiers de la
femme pourraient exercer le retrait sans aucun doute. Comment donc les créanciers directs de la femme ne le pour-
raient-ils pas ?

Du reste, les créanciers ne seront appelés à opter que
dans le cas seulement où la femme n'opterait pas elle-
même, et il est évident que si la femme renonce à retirer
l'immeuble, ils n'auront la faculté d'exercer le retrait,
qu'en prouvant que la renonciation de la femme a eu lieu
en fraude de leurs droits, par application des articles
1166 et 1167 du Code civil (3).

(1) Rodière et Pont, cont. de mariage, 2e édit., no 633.

(2) *Suprà*, page 75.

(3) Conf. Duranton, t. xiv, no 203; Zachariæ, t. ii, p. 339; Taulier, t. v,
p. 65 et 66; Aubry et Rau, t. iii, p. 65 et la note 37; Rodière et Pont, t. i,
no 633.

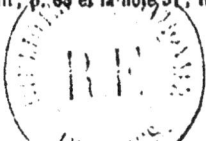

7.

§ III. *A quelle époque doit se faire l'option de la femme ou de ses héritiers ?*

« La femme , dit l'article 1408, 2°, lors de la dissolu-
» tion de la communauté, a le choix ou d'abandonner
» l'effet à la communauté, ou de le retirer. » A ce moment
en effet, la femme n'est plus sous la dépendance du mari,
et elle peut, par conséquent, faire son option en parfaite
liberté , ce qu'elle ne pourrait pas faire tant que la communauté subsiste.

Le retrait d'indivision peut-il cependant être exercé
par la femme avant la dissolution de la communauté, si
son intérêt l'exige ? Un arrêt de la Cour de Lyon , du 20
juillet 1843 (1), avait admis l'affirmative, se fondant sur ce
que la loi, en fixant la dissolution de la communauté comme
le moment de l'option de la femme, n'était pas absolue,
mais seulement indicative , et qu'elle n'avait pas eu pour
objet de contraindre la femme à retarder dans tous les cas
son option jusqu'à le dissolution. Nous croyons que cette
solution n'est pas bonne, car le but que la loi s'est proposé
a été précisément d'écarter toute influence dangereuse du
mari , et on pourrait craindre qu'avant la dissolution de la
communauté, le choix de la femme ne fût déterminé précisément par cette influence (2).

Le droit pour la femme d'exercer le retrait d'indivision
subsiste tant que la communauté n'a pas été liquidée , et

(1) Dalloz 44, 2, 107 ; Troplong, n° 070 ; Aubry et Rau, p. 268, note 94.
(2) Req. 25 juillet 1844 , et les développements de M. Bonjean sur la
question; Marcadé; art. 1408, n° 4 ; Rodière et Pont, 2° édit., n° 634.

si la femme a renoncé, tant que ses reprises n'auront pas
été réglées.

Mais de ce que la loi ne fixe à la femme aucun délai
précis pour faire son option au retrait, il n'en résulte pas
qu'elle puisse éviter indéfiniment de prendre un parti. Il
est généralement admis que si la femme est mise en demeure de faire son option, par le mari ou par ses héritiers,
elle est tenue, à peine de déchéance, de se prononcer dans
le délai qui lui serait fixé par le juge (1).

§ IV. — *Effets du retrait d'indivision.*

Les effets du retrait d'indivision dépendent naturellement
du choix que font la femme ou ses héritiers.

Nous supposons d'abord que la femme, et tout ce que
nous allons dire dans ce paragraphe s'appliquera, par les
mêmes motifs, à ses héritiers, ne veut pas s'approprier le
marché qu'a fait le mari. Il y a lieu alors de distinguer
si le mari a acquis l'immeuble entier par licitation, ou s'il
a acquis par contrat les parts qui étaient indivises avec
la femme. Dans ce dernier cas, l'immeuble reste propre
à la femme pour la part qui lui appartenait originairement, et il est conquêt pour tout le surplus. La femme
n'a rien alors à rembourser au mari, et l'indivision sub-
sistera entre elle et son mari, ou ses héritiers, jusqu'au
partage à intervenir. Si, au contraire, l'immeuble a été

(2) Duranton, t. xlv, n. 210; Marcadé, art. 1408, n° 2; Troplong, t. ١,
n. 680, 631; Rodière et Pont, 2ᵉ éd., n. 636; Taulier, t. v, p. 66;
Massé et Vergé sur Zachariæ; Dr. civ. Franç., t. iv, p. 78, note 74 sur le
§ 640.

acquis par le mari sur licitation, le mari reste évidemment propriétaire de l'immeuble entier, et il doit rembourser à sa femme le prix de sa part, qui n'est autre qu'une part proportionnelle du prix total de la licitation, la moitié, le tiers, le quart de ce prix , si la femme était propriétaire de moitié, du tiers, du quart de l'immeuble , etc.

Si , au contraire , la femme opte pour le retrait de l'immeuble , elle doit rembourser au mari tout ce qu'il a été obligé de payer pour l'acquérir , c'est-à-dire , non pas seulement le prix principal , mais encore tous les frais et loyaux coûts. Elle devra aussi lui faire compte des réparations nécessaires qui auront été faites pour la conservation de l'immeuble , et des dépenses utiles à concurrence de la plus-value , par application des principes du droit commun.

Mais quels sont alors les effets du retrait vis-à-vis des tiers si , pendant le mariage, le mari a consenti des aliénations , des servitudes ou des hypothèques ? La femme devra évidemment les subir, si elle s'est obligée conjointement avec son mari vis-à-vis des acquéreurs ou des créanciers , sauf l'indemnité à elle due pour tout ce dont la communauté se serait enrichie à son détriment. Quand le mari a agi seul , la femme devra encore respecter les actes passés par le mari vis-à-vis des tiers , si elle accepte la communauté , parce qu'elle est alors censée avoir approuvé tous les actes faits par son mari, et que la maxime, *Quem de evictione tenet actio eumdem agentem repellit exceptio* , lui est applicable.

Mais si la femme , dans ce dernier cas , a renoncé à la communauté , aucun des actes faits par son mari sans son concours ne peuvent lui porter préjudice; tous les droits,

par conséquent, que le mari a pu alors consentir sur l'immeuble retrait par la femme, s'évanouissent, et les tiers
en sont réduits à une action en garantie contre le mari. La
doctrine est d'accord sur ce point avec la jurisprudence (1).

§ V. — *A quels régimes s'applique la disposition de*
l'art. 1408?

L'art. 1408, on n'en saurait disconvenir, a eu principalement en vue le cas où les époux sont mariés sous le
régime de la communauté. Cela résulte de la place qu'occupe l'art. 1408 dans le Code, au chapitre de la Communauté, et des termes même de l'article, qui parlent spécialement du cas de communauté. Toutefois, le retrait
d'indivision, comme nous l'avons dit, n'ayant pour but
que d'assurer à la femme une protection pleinement désin-
téressée de la part de son mari, nous pensons que ce
retrait doit être accordé, par identité de motifs, à la
femme dotale (2), comme aussi à la femme mariée sous
le régime exclusif de communauté, par la raison que
le mari administre la dot de sa femme dans le premier cas, ses entiers biens dans l'autre, et que les
droits de la femme ne peuvent alors être suffisamment
sauvegardés qu'en lui reconnaissant le droit de retrait.
Mais nous ne pensons pas que l'art. 1408 pût être invoqué
par la femme séparée de biens, soit contractuellement,

(1) Voir les nombreuses autorités citées par MM. Rodière et Pont,
2º édit., t. 1, p. 550, nº 612

(2) Voir aussi sur ce point les nombreuses autorités citées par MM. Rodière et Pont, t. 11, nº 613.

soit judiciairement, parce que le mari est alors complètement étranger à l'administration de ses affaires, auxquelles
elle est obligée de veiller par elle-même.

CHAPITRE IV.

Du retrait de droits litigieux

Toutes les législations ont vu avec défaveur la vente des
droits litigieux : le conflit d'intérêts et de prétentions ne
peut, en effet, qu'être aggravé par l'intervention d'un tiers
qui, venant se mêler à la lutte, n'a ordinairement pour seul
mobile que le désir et l'espoir du gain. C'est pour venir en
aide aux débiteurs de ces droits que le retrait litigieux fut
établi par les lois *per diversas* et *ab Anastasio* (1), qui leur
accordaient de se rédimer de toute contestation, en remboursant aux acheteurs le montant de la cession qui avait
été faite.

Dans notre ancien Droit, de nombreux édits avaient
expressément remis en vigueur les lois de Justinien, et
nous trouvons des ordonnances de Charles V, de Louis XII
et de François Ier (2), qui faisaient défense aux juges,
avocats et procureurs, de se rendre cessionnaires de droits

---

(1) L. 21, 22, au Code, *Mandati*.

(2) Ces ordonnances sont rappelées dans le Répertoire de Merlin, v° *Droits
litigieux*, p. 398.

litigieux dans l'étendue de leur ressort. Cette défense,
qui a été maintenue dans l'art. 1597 du Code civil, est parfaitement conforme aux principes de la justice, les offi-
ciers ou mandataires publics ne devant jamais s'enrichir aux
dépens des personnes dont les intérêts sont en leurs mains.

Mais l'article 1699 de notre code va plus loin ; il admet, vis-à-vis de tout acquéreur de droits litigieux, le
droit pour le débiteur de s'approprier le marché, en quoi,
avons-nous dit dans le chapitre 1er, il est allé peut-être
trop loin, en ce sens que le prétendant droit devrait équitablement pouvoir faire une cession non sujette à retrait,
quand le défendeur à sa prétention aurait refusé le prix
de transaction qu'on lui aurait demandé.

Quoi qu'il en soit, l'article 1699 du Code civil a consacré expressément, et pour tous les cas, la faculté d'exercer le retrait litigieux, en ces termes : « Celui contre le-
» quel on a cédé un droit litigieux peut s'en faire tenir
» quitte par le cessionnaire, en lui remboursant le prix
» de la cession, avec les frais et loyaux coûts et avec les
» intérêts à compter du jour où le cessionnaire a payé le
» prix de la cession à lui faite. » Pour expliquer cette matière, nous allons voir : 1° Quelles sont les cessions susceptibles de retrait; 2° Quand et comment le retrait s'effectue ; 3° Quelles sont les exceptions à la faculté de retrait. Ce sera le sujet d'autant de paragraphes.

§ I. — *Quelles sont les cessions susceptibles de retrait ?*

Pour que le retrait puisse avoir lieu, il faut que la cession faite ait porté sur un droit litigieux. Mais que faut-il

entendre par *droit litigieux* ? Dans l'ancien Droit, on n'é-
tait pas d'accord sur la véritable signification de ce mot,
et le plus grand nombre des auteurs décidaient avec Roussaud de Lacombe et Lamoignon (1) que : « Chose litigieuse
» en matière odieuse doit s'entendre que la seule demande
judiciaire rend la chose litigieuse. » Cependant, Pothier (2)
pensait que par créances litigieuses, il fallait entendre toutes
celles qui sont contestées ou peuvent l'être, soit que le procès soit déjà commencé, soit qu'il ne le soit pas encore.

L'article 1700 du Code civil a tranché, ce nous semble,
la difficulté : « La chose est censée litigieuse, dit cet article,
» dès qu'il y a procès et contestation sur le fond du droit. »
C'est à peu près la définition qu'en donnait la loi romaine :
« *Litigiosa res est de cujus dominio causa movetur inter pos-
sessorem et petitorem, judiciariâ conventione* (3 . » Quelques auteurs ont soutenu cependant que l'article 1700 est
simplement énonciatif et non limitatif. Nous croyons que
cette opinion doit être rejetée, et nous soutenons qu'un
droit n'est pas litigieux par cela seul qu'il peut le devenir ;
mais qu'il n'y a de litige qu'autant qu'il y a contestation
sur le fond du droit (4). D'où il suit qu'il faut : 1° que le
droit dont il s'agit forme l'objet d'une instance judiciaire
actuellement liée, et 2° que dans cette instance, le dé-

(1) Lamoignon, *Arrêtés*, t. I, p. 142, n. 24; Roussaud de Lacombe, v°
Transport; Salviat, Jurisprudence du Parlement de Bordeaux, v° *Cession
d'actions*, n. 4.

(2) Pothier, n. 583.

(3) Authent. *ad leg.* 1, au Code, *de Litigiosis*.

(4) *Cass.* 24 avril 1827; Dall. 27, 1, 123; *Conf.* Malleville, art. 1700; Duranton, t. XVI, n. 533; Troplong, n. 986 ; Duvergier, t. II, n. 359 ; Massé e
Vergé, t. IV, § 693; Aubry et Rau, t. III, 3e éd., p. 331, note 11.

fendeur ait opposé des moyens du fond , c'est-à-dire des moyens tendant à faire rejeter absolument et pour toujours l'action elle-même (1).

1° Il faut qu'il y ait actuellement procès. Il ne suffit donc pas que le procès soit imminent et inévitable , il faut qu'il ait actuellement pris naissance ; d'où la conséquence que le préliminaire de conciliation ne rend pas encore le droit litigieux, puisque c'est, au contraire, afin d'éviter le procès que les parties vont en conciliation (2). Et il en serait ainsi alors même que la tentative de la conciliation aurait échoué déjà, puisqu'il y aurait bien alors imminence de procès, mais pas encore procès existant. De même , l'opposition signifiée par le premier cessionnaire d'une créance au débiteur cédé, ne peut, alors qu'il n'y a pas été donné de suite, être réputée constituer un litige de nature à autoriser contre un second cessionnaire l'exercice du retrait litigieux (3).

2° Il faut, en second lieu, que le procès porte *sur le fond du droit* : c'est ce que la Cour de cassation a reconnu d'une manière formelle, en décidant que l'exercice du retrait litigieux n'est autorisé que lorsqu'il y a, au moment même de la cession, contestation sérieuse *sur le fond du droit* (4), c'est-à-dire quand le litige fait planer des chances douteuses

(1) Civ. rej., 9 février 1841 ; Sir. 41, 1, 220 ; Req. rej. , 20 mars 1843 ; Sir. 43, 1, 541; Duvergier II, 368 ; Aubry et Rau , 3e éd., p. 331.

(2) *Conf.* Mourlon , Répét. écrites, 3e examen, p. 219, 220 ; Aubry et Rau , 3e éd. , t. III, p. 331, § 359, note 2; Duranton , t. XVI, n. 534 ; Duvergier II, 361 ; Marcadé , art. 1699; Troplong II, 990. — *Cont.* — Turin , 9 mars 1811 ; Sir. 12, 2, 78 ; Alger, 13 juill. 1837.

(3) *Cass.*, 25 juin 1838.

(4) *Cass.* , 20 mars 1843 et 21 août 1863.

sur le droit considéré dans son principe même et dans son existence (1). Si les moyens du défendeur ne tendaient qu'à neutraliser temporairement l'exercice du droit réclamé, comme, par exemple, s'il ne demandait que la communication des pièces de son adversaire, ces moyens ne porteraient pas sur le fond du droit, et dès lors ne rentreraient pas dans la définition de l'article 1700 (2).

Mais remarquons que la faculté d'exercer le retrait litigieux n'est pas limitée au cas où la cession a pour objet une créance, autrement dit un droit personnel, mais qu'elle s'applique aussi au cas où il s'agit d'un immeuble soumis à un procès. C'est ce que décidait Lamoignon dans ses arrêtés, et ce qui ne faisait aucun doute sous notre ancienne jurisprudence (3). La même solution est universellement admise aujourd'hui par tous les auteurs, malgré un arrêt de la Cour de cassation du 24 novembre 1818 , cité par Troplong. Les termes des articles 1699 et 1701 paraissent formels sur ce point (4).

§ II. — *Quand et comment s'effectue le retrait?*

Le débiteur qui veut exercer le retrait doit rembourser au cessionnaire le prix intégral de la cession, ainsi que les

(1) Troplong , Traité de la vente , t. 11, n. 980.
(2) *Conf.*, Duvergier, t. 11, n. 361; Troplong, n 989 ; Marcadé sur les articles 1699 à 1701 ; Zacharie, éd. Massé et Vergé, t. 1v , § 693, note 4.
(3) Lamoignon , *Arrêtés* , t. 1, p. 142, n. 21, s'exprime ainsi : « Le cessionnaire des héritages et des droits immobiliers, de quelque qualité qu'ils soient, etc. ». — Ferrières sur Paris, art. 108, § 3, n. 5 ; Supplément aux œuvres d'Henrys, t. 1v, p. 321 , col 2.
(4) Troplong, n. 1001 ; Marcadé sur les articles 1699 à 1701 ; Rolland de Villargues , Rép. v° *Retrait de droits litigieux*, n. 9.

frais et loyaux coûts et les intérêts à compter du jour où le cessionnaire a payé le prix de la cession. *Usque ad ipsam solummodum solutarum pecuniarum quantitatem et usurarum ejus*, dit l'empereur Anastase, dans la Constitution que nous avons citée ci-dessus. C'est le prix réel qui doit être remboursé, et dès lors, toutes les fois que le débiteur pourra prouver que le prix énoncé dans la vente est faux et que la somme réellement payée est moindre, c'est cette dernière qu'il remboursera. Ce n'est aussi que de ce prix réel que les intérêts seront dus. Mais le remboursement du prix réel est de toute justice. Il est évident, en effet, que le cessionnaire ne doit éprouver aucune perte ; c'est déjà bien assez qu'il soit privé d'un bénéfice sur lequel il avait pu compter.

Si la cession a eu lieu moyennant une somme d'argent, nulle difficulté ne se présente : c'est cette somme d'argent que doit restituer le débiteur. Mais qu'arrivera-t-il en cas d'échange ? Il faut décider que dans ce cas le retrait pourra également avoir lieu, car les règles de la vente sont applicables à l'échange, art. 1707 du Cod. civ. ; seulement ce ne sera pas l'objet donné en échange de la créance litigieuse qui devra être rendu, mais la valeur estimative de cet objet ; et si cet objet est productif de fruits, le débiteur payera, en outre, au cessionnaire, la valeur de ces fruits (1).

§ III. — *Exceptions à la faculté de retrait.*

L'ancien Droit coutumier, et après lui le Code civil,

---

(1) Duranton, t. XVI, n° 540. — Troplong, t. II, n° 1002. — Duvergier, t. II, n° 387. — Conf. Limoges, 15 décembre 1812, Rej., 10 oct. 1814.

ont conservé, et avec juste raison, différentes exceptions qu'Anastase avait admises dans la constitution précitée, et qui sont évidemment fondées en justice, la loi ne devant frapper que les acheteurs de droits litigieux qui recherchent des gains illicites, et non pas les personnes qui ont eu une cause très-légitime d'acquisition.

L'art. 1701 du Code civil indique ces exceptions en ces termes : « La disposition portée en l'art. 1699 cesse : » 1° Dans le cas où la cession a été faite à un cohéritier » ou copropriétaire du droit cédé ; 2° lorsqu'elle a été faite » à un créancier en payement de ce qui lui est dû ; 3° lors- » qu'elle a été faite au possesseur de l'héritage sujet au » droit litigieux. »

Examinons ces diverses exceptions :

1° Le retrait litigieux ne peut être exercé lorsque la cession a été faite à un cohéritier ou copropriétaire du droit cédé. La loi d'Anastase exceptait aussi du retrait les cessions qui avaient lieu de cohéritier à cohéritier, *exceptis scilicet cessionibus quas inter coheredes pro actionibus hæreditariis fieri contigit*; et le motif de cette exception s'aperçoit facilement. Personne n'est tenu de demeurer dans l'indivision, car l'état d'indivision présente souvent de nombreux et de graves inconvénients. Si donc, dans la succession indivise, se trouve un droit faisant l'objet d'un procès, et que l'un des cohéritiers se trouve acquéreur de la totalité de ce droit, on ne peut considérer cet acquéreur comme un de ces acheteurs de procès, qui ne procèdent que dans un but de cupide avidité. Il ne fait que consolider pour ainsi dire son droit en achetant la part de ses cointéressés, et le Code civil étend dès lors justement à tous les copropriétaires l'exception que la loi romaine n'avait établie nommément qu'en faveur des co-héritiers, puisqu'il y a évidemment même raison de dé-cider (1).

2° Le retrait litigieux ne peut être exercé lorsque la cession a été faite à un créancier en paiement de ce qui lui était dû. Cette exception se justifie d'elle-même. Nous avons vu, en effet, que c'était surtout en vue de la cupi-dité dont pouvait être animé le cessionnaire, que le retrait avait été introduit. Cette cupidité n'est pas à craindre ici : car en acceptant en payement un droit litigieux, le créan-cier pourvoit simplement à la conservation de ses droits.

3° Le retrait litigieux ne peut enfin être exercé lorsque la cession a été faite au possesseur de l'héritage soumis au droit litigieux. Cette dernière exception, qui n'est pas parfaitement bien déterminée, peut recevoir son application dans différentes hypothèses. Je suis en possession d'un immeuble dont *Primus* et *Secundus* se prétendent respec-tivement propriétaires : j'achète les droits de *Primus*; *Secundus* ne pourra pas exercer le retrait contre moi, parce que mon but principal, en achetant les droits de *Primus*, a été de consolider ma possession. — Je me prétends usu-fruitier d'un fonds, et je suis comme tel en possession de ce fonds. *Primus* et *Secundus* se disputent la propriété de ce fonds, de telle sorte que si l'un d'eux est reconnu pro-priétaire, mon droit à l'usufruit s'éteint. J'achète les droits de *Primus*, le retrait ne pourra pas être exercé sur moi.

On pourrait multiplier les hypothèses, mais il est facile

(1). Anc. Jurisp, V. Roussaud de Lacombe, v° *Transport*, n° 25. — Bre-tonnier sur Henrys, t. II, p. 170, n° 6. — Pothier, n° 503.
Auteurs modernes : Troplong, *de la vente*, n°° 1005-1000. — Duvergier, tom. II, n°° 391, 392. — Marcadé, sur les art. 1699 à 1701.

de voir par celles que nous venons de citer, quelle est la portée de cette troisième exception de l'art. 1701, et de plus longs développements seraient superflus.

Nous finirons en nous demandant si le retrait litigieux peut avoir lieu dans les cas, assez fréquents aujourd'hui, où un débiteur obéré cède en bloc toutes les créances douteuses ou véreuses qu'il peut avoir. Nous ne voyons pas que la loi autorise ici une exception à la règle. Seulement, nous n'admettons pas que la personne indiquée comme débitrice d'une de ces créances, laquelle serait litigieuse, puisse demander une ventilation pour se faire autoriser à retraire rien que sa créance propre. Si elle veut retraire, il faut qu'elle s'approprie tout le marché : l'équité le veut ainsi.

Nous supposons, du reste, dans le cas que nous venons de supposer, que la cession s'est faite de gré à gré. Nous n'admettons pas, en effet, que le retrait puisse avoir lieu en aucune vente qui se fait d'autorité de justice, parce que l'adjudicataire sur vente forcée a été appelé, pour ainsi dire, la justice elle-même à enchérir, et qu'il est à l'abri par conséquent de tout soupçon de cupidité. Un homme ne peut être appelé cupide que lorsqu'il fait pour s'enrichir quelque chose de contraire à l'honneur, ou du moins à la délicatesse.

POSITIONS.

DROIT ROMAIN.

I. Les Romains ne paraissent pas avoir connu l'expropriation pour cause d'utilité publique.

II. — La condition résolutoire, en principe, n'avait pas d'effet vis-à-vis des tiers. (L. 3 et 4, C., *de pactis inter empt. et vend.*).

III. — Si quelqu'un adoptait son gendre avant d'avoir émancipé sa fille, ce n'est pas le mariage qui était dissous, c'est l'adoption qui était nulle. (*Inst.*, § 4, *de nuptiis;* L. 67, § 3, D., *de ritu nupt.*)

DROIT COUTUMIER.

I. — Le retrait lignager fut antérieur en date au retrait féodal.

II. — Les fiefs eurent leur première origine dans les bénéfices ecclésiastiques.

III. — Le retrait accordé à la femme par l'art. 1408 du Code civil dérive plutôt du Droit romain que du Droit coutumier.

DROIT FRANÇAIS.

I. — L'interdit peut contracter mariage dans un intervalle lucide.

II. — L'usufruitier, même universel, n'a jamais, de plein droit, la saisine de son legs; il doit toujours, même quand il n'y a pas d'héritiers à réserve, demander la délivrance.

III. — L'inaliénabilité de la dot mobilière s'étend à toutes les valeurs mobilières de la femme que les tiers ont su ou dû savoir être dotales.

IV. — La prescription de dix et vingt ans est inapplicable aux servitudes.

PROCÉDURE.

I. — La réintégrande ne peut être exercée contre le véritable possesseur.

II. — Les créanciers hypothécaires peuvent se pourvoir par tierce opposition contre les jugements rendus contre leur débiteur, même en l'absence de tout dol.

III. — Les étrangers ne peuvent pas être arbitres en France.

DROIT CRIMINEL.

I. La personne en état d'interdiction légale peut se marier et tester.

II. — La Cour d'assises peut appliquer aux contumax le bénéfice des circonstances atténuantes.

III. — Le duel est un acte criminel qui doit être puni par la loi, mais qui ne rentre dans aucune des catégories de faits punis par le Code pénal.

DROIT COMMERCIAL.

I. — L'art. 1341 du Code civil est inapplicable aux matières commerciales.

II. — La provision faite par le tireur de la lettre de change appartient au porteur en cas de faillite du tireur : Si c'est le tiré qui tombe en faillite, il y a des distinctions à faire.

III. — L'art. 446 du Code de commerce, qui déclare nuls tous les actes à titre gratuit faits depuis la cessation des paiements ou dans les dix jours qui ont précédé, ne s'applique pas aux constitutions de dot.

DROIT ADMINISTRATIF.

I. — Les associations non reconnues, mais tolérées par l'État, peuvent se prévaloir vis-à-vis des tiers de toutes les règles de Droit naturel dont la violation entraînerait une iniquité manifeste.

II. — Les Préfets ne peuvent jamais exercer d'action judiciaire, au nom des communes.

III. — L'État, dans les cas d'expropriation pour cause d'utilité publique, ne peut pas se prévaloir de l'art. 1328 du Code civil, qui ne permet pas d'opposer aux tiers des actes sans date certaine.

Vu :

Le Président de la Thèse,

GUSTAVE BRESSOLLES.

Vu :

Le Doyen de la Faculté,

DUFOUR.

Vu et permis d'imprimer :

*Pour le Recteur empêché, l'Inspecteur
d'Académie délégué,*

VIDAL-LABLACHE.

« Les visas exigés par les règlements sont une garantie des principes
» et des opinions relatifs à la religion, à l'ordre public et aux bonnes
» mœurs (statuts du 9 avril 1825, art. 11), mais non des opinions
» purement juridiques, dont la responsabilité est laissée aux candidats.
» Le candidat répondra en outre aux questions qui lui seront faites
» sur les autres matières de l'enseignement. »

Toulouse, Impr. Louis et Jean-Matthieu Douladoure, rue Saint-Rome, 39.